雄山閣アーカイブス　歴史篇

寝所と寝具

小川光暘

雄山閣

本書は、小社刊 雄山閣ブックス15『寝所と寝具の歴史』の誤植等を訂正した上で、雄山閣アーカイブスとしてまとめたものです。
（編集部）

【刊行履歴】
風俗文化史選書７『寝所と寝具の歴史』一九七三年刊
雄山閣ブックス15『寝所と寝具の歴史』一九八四年刊

口絵１　春日権現霊験記（第一巻）1309年　御物

藤原吉兼の邸宅。奥の寝室には主人夫妻、次の間に侍女、縁には宿直の武士がねむっている。鎌倉時代の寝室・寝具ならびに就寝風俗をうかがう好資料である。

口絵2　源氏物語絵巻　柏木　十二世紀
中央は女三の宮、左上には宮の御帳台の一部が見える。

口絵3　病草紙　十三世紀
板の間に畳を置き、娘たちが一つ夜具にくるまって寝ている。

口絵４　春日権現霊験記（第九巻）1309年
片袖をぬいで横臥する女性。

口絵５　北野天神縁起絵巻（第六巻第一段）
一二一九年頃　北野神社蔵
豪華なフスマを引被いて病の床にある左大臣時平。

口絵６　葉月物語絵巻　十二〜三世紀
ひそやかに暮らす女の許に昔の恋人が訪れ感慨にふけるところ。

紫式部の局を訪れる道長

口絵７　葉月物語絵巻　十二〜三世紀

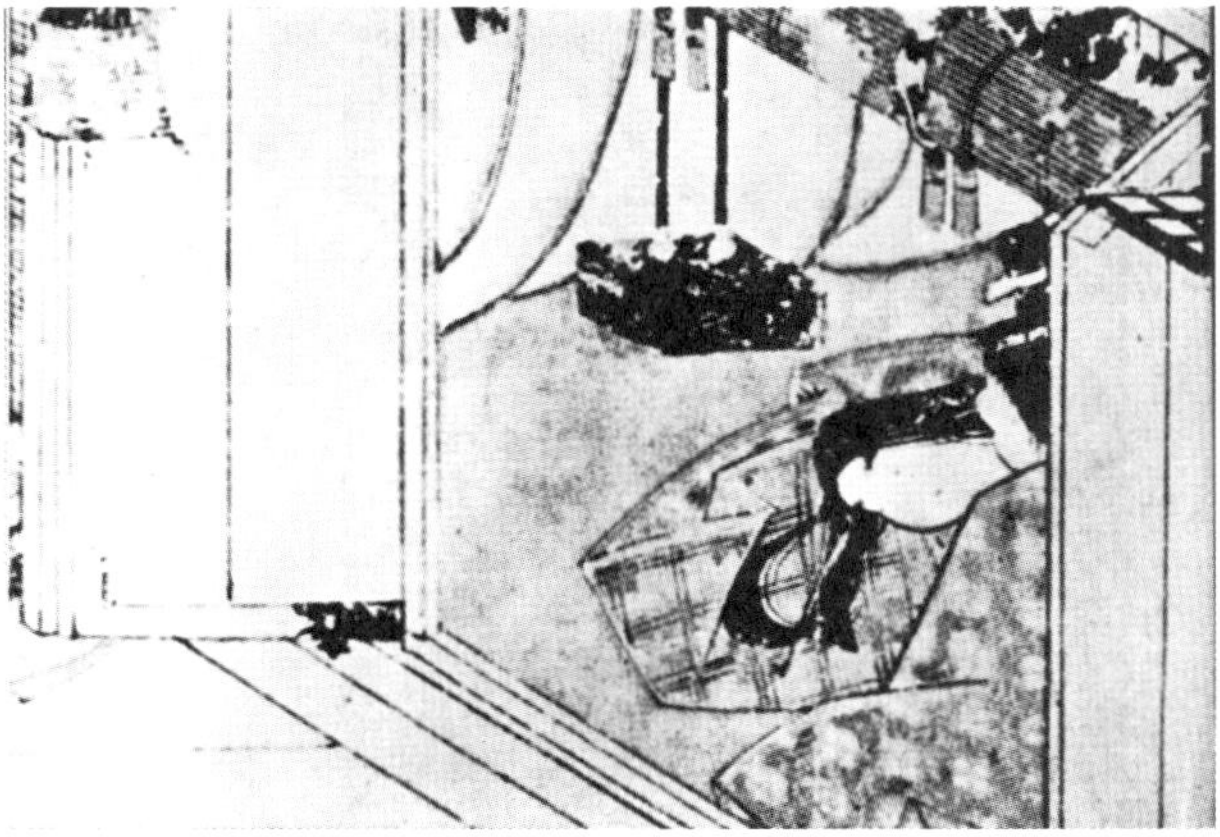

口絵 8　異疾草紙　十二～三世紀　下店静市氏蔵
病室の風俗

口絵 9　紫式部日記絵巻
十三世紀

口絵 10　春日権現霊験記（第十五段）　1309 年
紀伊寺の寺主の寝室

口絵 11　喜多川歌麿筆　浮世絵版画
蚊帳の内と外

口絵 12　懐月堂安度筆　肉筆浮世絵　三田庄三郎氏蔵

口絵 13　西山祐信「島原太夫」 風流色三味線より

口絵 14　文を書く遊女　新語左放題盲牛より

口絵 15　浮世草子　守貞謾稿より　商家の寝室

口絵 16　葛飾北斎画　絵本・庭訓往来より　畳師の図

もくじ

はじめに …… 5
第一章　上古・上代の寝所と寝具 …… 7
原始住居と寝室 …… 7
上古・上代のタタミとフスマ …… 10
タタミ／フスマ
トコという言葉の問題 …… 25
野地修左氏の説とその批判／床と寝台／文献にあらわれる床の再検討
上古のマクラとクシゲ …… 41
マクラの語源／クシゲとタマテバコ
フセヤ（臥屋）・ネヤ（寝屋）・ツマヤ（妻屋）…… 47
「イヘ」と「ヤ」／「フセヤ」と「ネヤ」／ツマヤ
妻問いの風俗 …… 54
妻屋の構造／袖と紐の情緒
同床共殿の意味 …… 60
天皇の高御座と寝具の関係 …… 64
第二章　平安・鎌倉時代の寝室と寝具 …… 68
寝殿造の構造 …… 68
塗籠の役割 …… 72
御帳と帳台 …… 79

王朝時代の就寝風俗 …… 83
内裏の後宮／光源氏と空蟬の場合／キヌギヌの哀感／扇面法華経にえがかれた添寝
フスマとヒタタレ …… 96
平安時代のフスマ／フスマ・ヒタタレ・トノイモノ
コモ・ムシロ・シトネ・タタミ …… 104
コモ／ムシロとシトネ／タタミ

第三章　室町時代から現代まで

第三章　室町時代から現代まで …… 117
中世住宅の寝室と帳台構 …… 117
室町時代の就寝風俗 …… 123
安土桃山時代の寝具 …… 128
秀吉のベッドと寝具／夜着という言葉の発生／ジキフスマと紙衾
フトンの歴史 …… 135
蒲団の出現／寝具としてのフトンの出現／綿種の伝来と木綿の栽培／夜着・フトンの流行／遊廓のフトン／フトン着て寝る
近世庶民の寝具 …… 160
片袖夜着／天徳寺
近代の生活と寝具 …… 165
明治の改革と寝具／生活改善運動の挫折／

寝具革命の実態
結びにかえて―未来への展望と課題―……172
あとがき……175

はじめに

「衣・食・住」ということばがある。これは人間生活の基本を端的に、しかも具体的に表現した「ことばの傑作」のひとつではないかと思う。

われわれが風俗史や生活史を研究する場合にも、この衣・食・住のそれぞれの分野、もしくはそれらの有機的な相関関係を追求することが、その眼目とされているのも当然のことである。ところが衣については衣服史、食については食物史があるのに対して、はたして住に対応する住居史というものが確立しているか？というと、その点ははなはだ心許ないしだいである。

「いやそのようなことはあるまい。現に建築史の分野で、そうした研究は深められている」と主張される方もあるとは思うが、巷間に流布している建築史の大半は、建物そのものの歴史であって、その中で営まれた生活に対する配慮が十分ではない場合が多いのではないだろうか、極端ないい方をすれば、人の住まない空屋《あきや》の歴史に傾きやすい。こうした傾向が生じる原因は、やさしくいうと建物を内からではなく外から眺める態度にあるといえるだろう。

十年ばかり前のことだが、われわれは、日本人の生活史を掘りさげようというこころみから、建物を内から眺める住居史にとり組むことを決意し、その中心的なテーマとして寝具史をとりあげることにした。それは昭和三十四年十月のことで「風俗文化史研究会」という会名の下に十人あまりの同攷の士がより合い、分担を定め、毎週会合を開いて資料を交換し、研究を発表するなど、正に意気軒昂たるものがあった。しかし、研究は意外に難渋して、日本寝具史のアウトラインがつかめるまでに三年近い歳月を費やしたのであった。

われわれの研究成果は、雑誌の論文とか小冊子に発表したほか、『ねる歴史――日本の寝具――』なる書名でも総括的に公表した。その際、樋口清之氏はじめ、数人の方々からもっと包括的な寝具史の叙述を期待するといった叱咤激励の言葉をいただいた。今回この書にしたためたのは、先述の論文や書物を骨子としつつ、寝室と寝具両者の有機的な関連に焦点をおいたその後の研究の成果でもある。そうした意味で、諸先輩のご期待に半ば応えるものをという持で執筆したが、この間にどれだけ新しいものをつかむことができたか、今にして自分の努力の不足を衆目の下気にさらす結果になったかもしれない。

ただ、わたしの念願するところは、寝室とか寝具の歴史を綴ることによって、住居《すまい》の中で営まれた祖先たちの生活の匂いを少しでも浮彫りにできたらというところにある。そうすることによって住居の歴史を、外からではなく、内から眺めるためのひとつのよりどころとなることができれば幸である。

昭和四十八年一月十日

小川光暘

第一章　上古・上代の寝所と寝具

原始住居と寝室

わが国太古の住居が、おおむね竪穴式のものであったことは一般に知られている通りだが、竪穴住居もその初期には室内に炉がなく、ややくだって炉が室内にしつらえられるようになる点を見逃すことはできない。

今日知られている竪穴住居の最古の遺跡には、北海道帯広市で偶然に発見された先土器（プレ縄文）時代の住居跡があげられる（芹沢長介『無土器文化』〔「考古学ノート」①〕昭和三二年）。しかし先土器時代の文化については、まだ本格的な研究がはじまって日が浅く、充分な資料がえられない現況から、当代の住居形式に論及するのは時期尚早で、すべては今後の調査研究にまつよりほかはない。

縄文時代にはいると、早期の花輪台貝塚で発見された、一辺五メートル前後の方形に近い平面をもった五戸の竪穴住居を筆頭に、数多くの竪穴住居址が発掘調査されている。その結果を概括してみると、早期および前期は集落の規模も小さく、室内には炉のないのが一般であった。ところが前期の末から中期の遺跡では、集落の規模が大きくなり、同時に、屋内に炉を設けるようになる。たとえば長野県茅野市で発見された縄文中期の大遺跡（尖石《とがりいし》遺跡）のごときは、二八戸の竪穴住居祉が発掘され、しかもそれぞれ堅牢な炉が各個の中央部に一つずつ設けられていた（宮坂英弌『尖石』昭和三二年）。

屋内に炉を設ける風習は、これいらい日本の住居の伝統として長く受けつがれることになるが、してみると、この期にいたって屋内に炉が設けられたことの意味は見逃しえない。

屋内の炉の主たる用途は、照明・暖房・炊事の三つにあることはこと新しくのべるまでもないが、炉が屋外にあった場合の、したがって炉本来の用途は炊事つまり飲食物の調理にあった。そうした視点に立って考えると、炉が屋内に移されたということは、屋内が炊事場（キッチン）としての使命を合わせもつようになったことを意味し、同時にまた食事をする場所、つまり食堂的要素が加わったということをも意味している。

とすると、こうした要素をもたらした炉が設けられる以前の、つまり初期の竪穴式住居とは何であったか、端的にいうならば、それは寝ぐら、すなわち寝室にほかならなかったといえるのではないだろうか。つまり、縄文前期以前のひとびとは、日常生活の大半を屋外で営み、住居というものは寝ぐらと考えていたに相違ない。もちろん雨期や労働のあとの休息ないしは病気の療養や育児といった例外的な用途もあったに相違ないが、それはあくまでも寝ぐらという機能に即した用途にほかならない。

わたしはこうした観点から、太古の家とはすなわち巣にほかならなかったと考えている。じじつ『古事記』などにも、住居をさすことばとして御巣《みす》（高貴な住居）とか新巣《にいす》（新しい住居）といった用例がある（『古事記』上巻　大国主の国譲りの条）し、『日本書紀』にも神武天皇の即位された頃はまだひとびとは「巣に棲み穴に住」（『日本書紀』巻三　神武天皇即位前紀）んでいたと伝えている。神武天皇の実在性は論外としても、こうした表現なども、住居が正に巣であった太古の有様を伝えるものと理解してさしつかえないであろう。

野獣や外敵あるいは冬の寒さを防ぐための、そして、安息や育児のためのネグラないしはス、これが太古の住居の機能であったに相違ない。

このように考えれば、最も原始の竪穴住居の内部空間は、そのまま寝室にほかならなかったことになるが、彼らが地べたの上にどのような施設をほどこしていたか、という点になると、現在までの考古学資料だけではほとんどわからない。

東京都板橋区上板橋町の弥生式時代の竪穴住居址で、床面に、約二五センチの落差をもった高床部と低床部とを設けたものが発見され、高床部は寝所として、低床部は土間として使用したものと推定されている（江坂輝弥『考古学ノート』2、昭和三二年）。ここでは、炉は高床部のほぼ中央にあったが、炉の縁石の高さが床面よりやや高く、高床部の上に何らかの敷物をその高さをうめる程度に敷きつめたらしいことを暗示していることも注目にあたいする。登呂遺跡の住居址でも、床部の一面から炭化物の薄い層が検出されているが（日本考古学協会編『登呂』昭和二四年、同編『登呂本篇』昭和二九年）、これは植物性の敷物の痕跡であるらしい。

このように弥生式文化の時代にはいると、遺跡から寝具に関する手がかりが、わずかながらも検出される訳だが、それをもとに竪穴住居の寝具に論及することは不適当である。だが、以上にのべたように、竪穴式住居の中で、炉のない段階から、炉をもつ段階への発展があったことは、建物の機能が、単なるス（巣）から、それ以上のもの、つまりイヘ（家＝イは接頭語、ヘはカナヘ・ニヘなどのヘと同じでイレモノの意、つまり、人間のはいるところ＝住居空間の意味）へ発展したことにほかならない。

上古・上代のタタミとフスマ

タタミ

縄文時代の住居は、北は北海道から南は九州にいたるまで、ほとんどが上に記したような竪穴式のものであったらしい。しかし、弥生式文化の時代になると、南方系の高床建築《たかゆか》が発生して、殼倉のみならず住宅にも用いられるようになり、古墳時代より後になると関西以西では、その比重が次第に増大していったようである。

高床建築の存在を示す最古の資料には、奈良県の唐古《からこ》遺跡から出土した弥生式の土器に描かれた絵画があり、ついで、銅鐸や鏡の絵画とか、家形の埴輪といった遺物が残っている。しかし、残念ながらその室内とか、さらには寝具といった調度類をうかがわせるような資料はみつかっていない。そのようなわけで、竪穴式にしろ、高床式にしろ、直接的な材料によって古墳時代以前の寝具の形状をうかがい知る手だてはないが、文献その他の関接的な資料から上古の寝具一般についてある程度のことを推察することは可能である。

まず文献資料から手がかりをもとめるとするならば、たとえば『古事記』（中巻　神武天皇の条）に神武天皇と皇后イスケヨリヒメの婚姻のくだりについて、

イスケヨリヒメの家、狭井河の上《へ》に在りき。天皇、そのイスケヨリヒメの許にいでまして、一宿御寝《ひとよみね》しましき。後にそのイスケヨリヒメ、宮の内にまいりしとき、天皇御歌よみしたまひけらく、

葦原の　しけしき小屋《おや》に　すがタタミ　いやさや敷きて　わが二人寝し

とよみたまひき。

という一文がみえる。

イスケヨリヒメの家は狭井河のほとりにあったというから、あたりは一面の葦原であったのだろう。「しけしき小屋」とは、湿っぽい小屋とも、醜いとか荒れた小屋の意味とも説かれるが、いずれにせよ質素な住居であったわけだ。その中に「すがタタミ（原文には須賀多多美とあり、一般に菅畳と解されている）」をさやさやと敷きのべて、そこで二人が寝た。というのであるから、これは〝タタミを敷いて寝る〟という就寝風俗の描写であることは疑いをまたない。

タタミとはいっても、それは現在われわれが用いている畳とはいささか違っている。むしろ現在の御座《ござ》かうすべり、もしくは莚《むしろ》や薦《こも》に近い形状のものと解される。

タタミの語源については、タ（手）アミ（編）、つまり手編みのもの、という意味から転じたという説（松岡静雄『新編日本古語辞典』）、あるいはタタムという動詞、すなわち用のない時は折りたたむとか、ないしはタタミ上げ（積み重ね）て用いるという用途からきているといった諸説（荻野由之監修『国史大辞典』など、この説を掲げるものが多いが、古く『古事記伝』『嬉遊笑覧』『倭訓栞』などに説くところを一部誤認しているふしがみられる）があって統一的な見解は定まっていない。

だが、さきの歌などは、タタミそのものが菅を手編みしたものであるからその点はよいとして、それをさやさやと敷き伸べたというところをみると、用のない時には折りたたんであったと解されぬこともない。しかし「折りたたむ」という語は「折る」と「たたむ」という二つの動詞で結合されている。すなわち「折って」そして「たたむ」ことであると理解すると「折りたたむ」ものという語源説には疑点がある。むしろ後世の絵巻物にあるように用のない時には巻き上げてあったと解する方が妥当であろう。しかし、上古のタタ

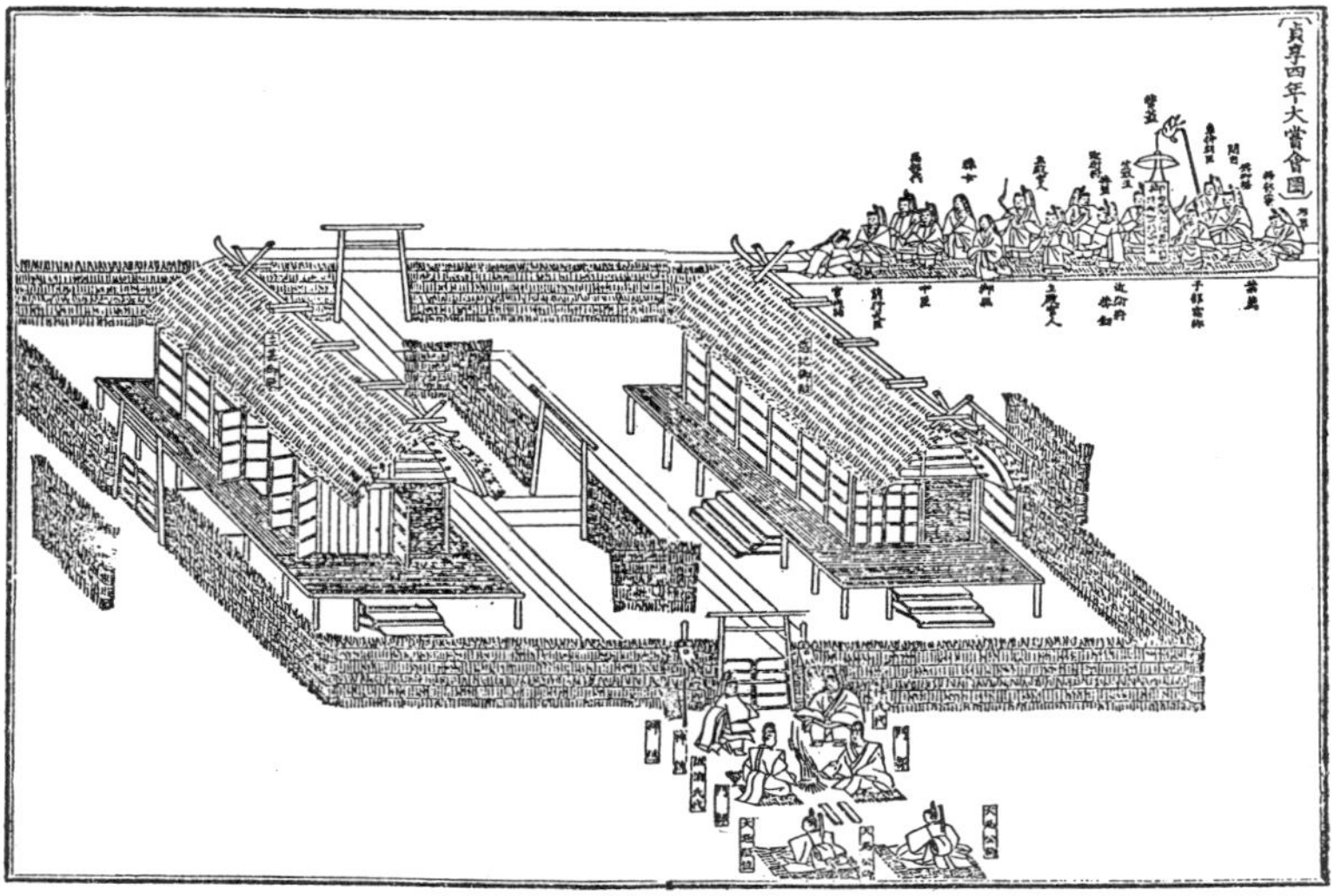

図 1　悠紀殿主基殿

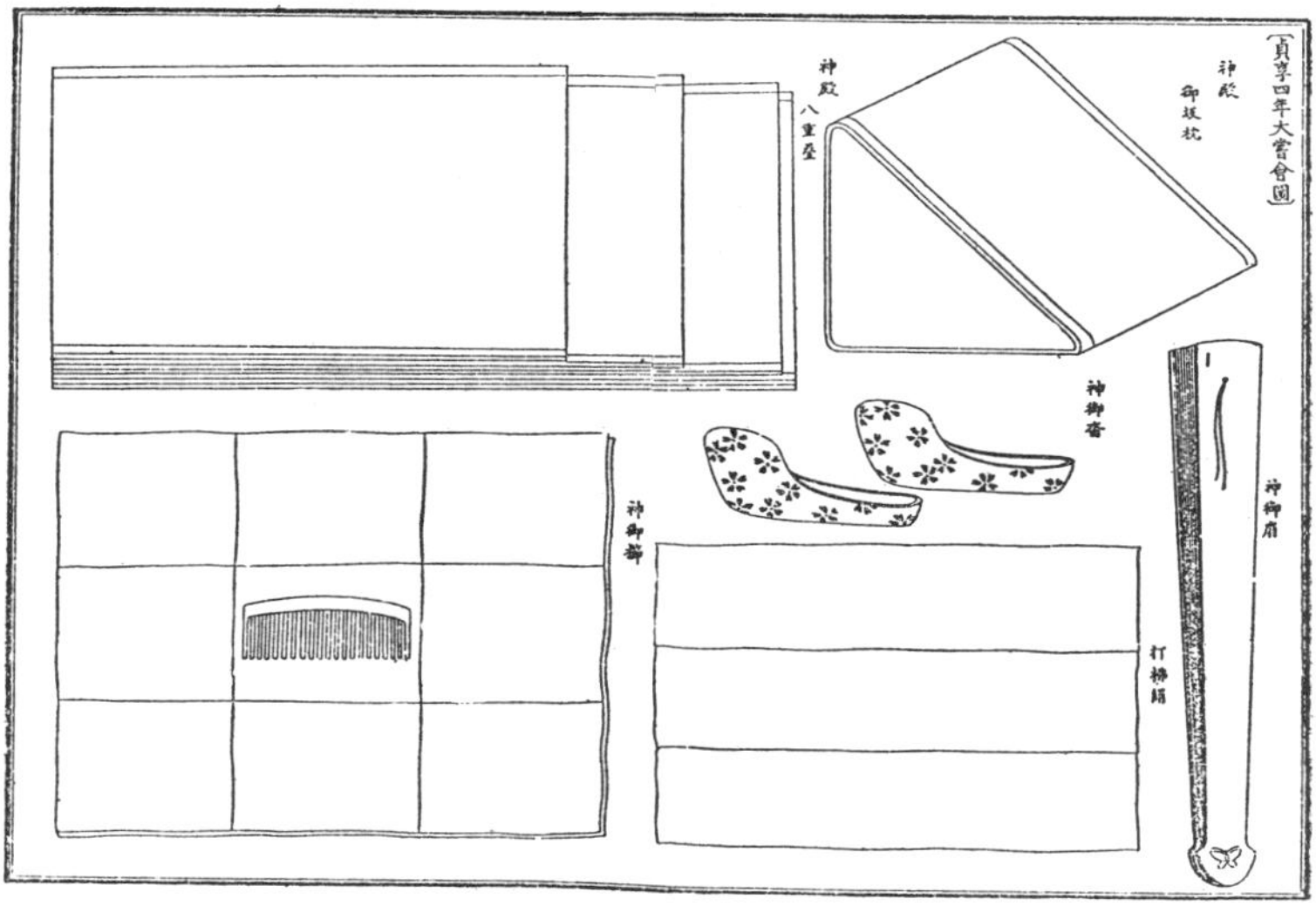

図 2　八重畳と坂枕

ミの用法は文献にみる限り、それを一枚だけ用いるよりも、むしろ何枚も積み重ねる、つまりたたみ上げる場面の描写の多い点が注意される。

たとえば、『古事記』のヤマトタケルノミコトの物語（『古事記』中巻　景行天皇条）の中で、ミコトの船が走水《はしりみず》の海を渡ろうとした時に、その渡《わたり》の神が浪をおこして妨害をしたために、ミコトの船は進むに進めないありさまであった。その時ミコトの后《きさき》オトタチバナヒメは、その身を犠牲《いけにえ》に供して海神の心を和《なご》めようとした。そうしていよいよヒメが「海に入りまさむとする時に、菅《すが》畳を八重、皮畳を八重、絁《きぬ》畳を八重、を波の上に、敷きて（以㆓菅畳八重、皮畳八重、絁畳八重㆒、敷㆑于㆓波上㆒而）、その上に下り坐しき」と伝えている。

この場合は菅畳のほかに、皮や絁といった別の材質のタタミの名がみえるが、いずれもそれを八重にして用いたとあることが注目される。つまり同じ材質の同じ形状のタタミをそれぞれ幾枚も（八重といっても厳密に八枚の意味ではない）つみ重ねて用いている。そうした用例は大嘗祭《だいじょうさい》の際に悠紀《ゆき》、主基《すき》の神殿の中に設けられる神座において具体的に見いだすことができる（図1）。

悠紀・主基の神殿は天皇即位式後の新嘗祭（これが一般に大嘗祭となる）の際に宮中に建てられるものだが、草葺の屋根に黒木（皮つき）の柱という、すこぶる原始的な建物である。この二棟の建物の内部中央にはそれぞれ先きにのべた神座があるわけだが、その神座とはどういうものかというと、これが端的にいうならばベッドそのものなのである（図2）。

その神様のベッドはどのように作られているかを『兵範記』（仁安元年十一月十七日条）にしたがってのべると、

先ず六尺の畳四枚を南北行に並べ敷き、その上に一丈二尺五寸の畳二枚を同じく並べ敷き、その上中央に九尺の畳四枚を重ね敷き（中略）、九尺の畳の上に八重畳一枚を敷く。

という具合である。この八重畳というのは、さらに『兵範記』の註によると「長さは八尺、弘さは四尺で、筵一枚、薦七枚を重ね差し」たものとなっている。八重畳一枚という表現はこれにて了解されるわけだが、それは現在正倉院に残存する聖武天皇の「御床」なる木製の寝台に付属していた畳とほぼ符合一致するもので、上代の貴人が用いた寝具としての畳の実体と理解してさしつかえないであろう。

オトタチバナヒメの物語の小道具となった八重畳がはたして悠紀・主基の神座や正倉院の御床のものと一致するか否かは、にわかに断定できないし、常識的にみても、前者では皮畳八重などという表現などからも、もっと原始的な寝具が想像される。したがって、ずっと古い上古の時代には八重畳を一枚に重ね差したのではなくて、正に八重は八重のまま、単に積み重ねたのではなかったかと思われる。

八重タタミの名称はそのほかにも『日本書紀』の海幸彦《うみさち》・山幸彦《やまさち》の物語の本文（『日本書紀』巻二）にもみえている。

山幸彦がその兄海幸彦の釣針をなくしたことをとがめられて、それをさがしに海中の海神《わだつみ》の宮殿の前にたどりついた場面の叙述には

時にヒコホホデミノミコト（山幸彦のこと）その樹の下に就きてたたずみたまふに、久しくして一美人ありて扉を開きていでて、水を汲まんとし、あふぎ見て驚きて還りてその父母に曰りしく（中略）。海神、ここに八重タタミを鋪《し》きて（鋪二設八重席薦一）ひきいれまつる。

とある。もっとも、この場合にも八重タタミの語があるから、それがすぐ寝具であるときめつけるのは早計ではないかともみられようが、同じ物語を伝える別の伝（『書紀』一書の四の伝）を参照してみると、それが

やはり寝具であることが裏づけられる。

正倉院に伝わる「御床《おんとこ》」に付属していたタタミについてもう少し付言しておくと、これを調査された調査官の記述には「床《とこ》に真菰《まこも》の薦《むしろ》六枚を重ね、ところどころ麻糸で綴じ、その表に藺筵《いむしろ》を、裏に麻布を取りつけ、花文錦の縁を取ったもの」（石田茂作・和田軍一『正倉院』九一頁　毎日新聞）とある。大きさは、御床が「長さ七尺七寸、幅三尺九寸」とあるから、タタミはそれよりわずかに小さいかもしれないが、これまた『兵範記』などに記載される「八重畳」の大きさにほぼ一致する。なお『東大寺献物帳』にはこの畳を「黒地《くろじ》の錦端《べり》畳」と記している。

このようにみてくると、タタミとは単にゴザやウスベリと同様なものというよりは、コモやムシロ（時には皮など）を重ね差しにした敷物と解してよいようだが、してみると、『万葉集』にある

逢ふよしの　いでこむまでは　タタミこも　重ね編む数夢にしみてむ（巻十二・二九九五）

の意味などがより明白になってくる。もとより、八重畳のようにコモを数枚以上も重ねたものとは限らぬが、幾枚か重ね差しにして、ふちどりをしたものと解してよいのではあるまいか。『隋書』の倭国伝に、日本の風俗を伝えて「草を編みて薦となす。雑皮を表となし、縁《ふちど》るに文皮をもってす（編草為薦、雑皮為表、縁以文皮＝『隋書』巻八一　東夷伝・倭国の条）。とあるのも、ややニュアンスの違いはあるが、薦や雑皮を重ね差しにして縁をつけたタタミをさしているとみてよいだろう。

『万葉集』にある長歌の一節には

韓国の　虎とふ神を　生取りに　八頭《やつ》取り持ち来　その皮を　タタミに刺し　八重畳　平群の山に……

（巻十六・三八八五）

というのがある。この「韓国の」から「タタミに刺し」までの六句は「八重畳」にかかる序詞なのであるが、その内容は、八頭の虎の皮をタタミ刺しにして八重畳を作るということで、さきにオトタチバナヒメの物語にあった「皮畳八重」の内容を説明しうる材料といってよい。

このようにみてくると、古墳時代以前のいわゆる上古のタタミはともあれ、飛鳥・奈良時代の頃（いわゆる上代）には、タタミというものは、同じ形状の敷物を幾枚か重ね差しにするものである。さらに、その多くは薦を幾枚か重ね差しにするか、もしくは一枚の薦にじかに莚をとじつけたうえ、布か皮で縁どりをしたものであったということがほぼ明白になった。

タタミが寝具であることを示す史料は数多いが、もう一例、タタミについての信仰を物語る史料を紹介しておこう。それは『古事記』に伝える悲恋の物語りとして名高い軽《かる》の太子《みこ》とその妹、軽の大郎女《おおいらつめ》のロマンスの中で、軽の太子が歌う歌謡のひとつに、

大君を　島に放《はぶ》らば　船余り　い帰り来むぞ　わが畳ゆめ　言をこそ　畳といはめわが妻はゆめ

（この私を島流しにしたとしても、船余りしてきっと帰ってくるだろう。だから、私の留守の間は、私の畳を忌み謹しんで守っていてくれよ。コトバでは畳というが、私の妻よ、どうか謹んで清らかにあってくれ）

とあるもので、この歌は、当時はすでに厳禁されていた同母兄弟の近親相姦（異母兄弟の場合は差しつかえがなかったが）が発覚したために、太子は帝位の継承権を剥奪され、ついに伊余の国に流されることになったときに、その妹に向って歌ったものとされている。そこに「わがタタミゆめ」とあるのは、タタミ忌みという俗信（一家から旅行者などをだす場合に、その人のタタミをそのまま動かさずに大切に守っていないと、当人の身に禍が起こると信じる。『万葉集』に「畳かもあやまちしけむ……」の歌があるのも、その意味と解されている。

巻十五　三六八八）を伝えるものである。同様の信仰は枕にもあって、古代人が寝具というものに特別な意味を付与していたことがわかるが、それは多分、ネル行為とか夢との関係があったのではないかとわたしは考えている。

最後にもうひとことのべておくと、畳という漢字は、もともと晶と宜とを合成したもので、日を重ねて多い意（夕を重ねた場合の多と同様）を表わしている。のちに晶が畾に変化して現在の疊（畳）の字になるのであるが、こうした字義からみても、それがもともと重畳・複畳・層畳・積畳あるいは畳重という意味を、つまり、日本語のタタミに当てるにふさわしい内容をもっておったことは明らかであり、タタミに畳の字を当てることがやがて一般化し、定義化される必然性があったといえるのではないかと思う。

フスマ

以上によって、その形状はともあれ、タタミと称されるものが上古・上代の寝具として用いられ、それが、ほぼ現在の敷きぶとんにあたるものであったことを説明しえたと思う。では、現在の掛けぶとんにあたるものは何であったか、というと、それはフスマとよばるものであった。漢字を用いる場合には、被・衾・裯の三種があって、衾は大型のフスマを、裯は一重のフスマをさすと解釈されている（『称名類聚抄』十二、『倭爾雅』五、『和漢三才図絵』二十八）。

では主として記・紀・万葉にみえるフスマにはどんなものがあったろうか。名称としてこれらが文献にでてくる場合には、ムシブスマ・タクブスマ・アサブスマ・マダラブスマあるいはマドコオウフスマなどと材質や形状をともなってよばれているから、そうした名称に即してしらべてみることにする。

まず、『古事記』（『古事記』上巻）に、スセリヒメがその夫オオクニヌシノミコトにたてまつったものと記載している歌謡に

八千矛《ほこ》の　神の命《みこと》や　わがオオクニヌシ汝《な》こそは　男にいませば　うち廻《み》る　島の崎々　かき廻る　磯の埼落ちず　若草の　妻持たせらめ
吾《あ》はもよ　女《め》にしあれば　汝《な》を置きて　夫《つま》はなし
文垣《あやかき》の　ふはやが下に　ムシブスマ（牟斯夫須麻）　柔《にこ》やが下に　タクブスマ（多久夫須麻）　さやぐが下に　沫雪《あわゆき》の　若やる胸を　栲綱《たくづぬ》の　白き腕《ただむき》　素手《そだ》抱き　手《ただ》抱き抜《まな》かり　真玉手《またまで》　王手さし枕《ま》き　股長《ももなが》に
寝《い》をしなせ
豊御酒《とよみき》　献《たてまつ》らせ

とあって、ムシブスマとタクブスマの名がみえる。寝室の調度を歌った言葉ととれる「綾垣の　ふはや」という表現もあるが、これは絁《きぬ》垣とか防壁《たつこむ》などと同様、後世の帷・帳のようなものであったらしいが、今はふれないでおきたい。

さて、ムシブスマについては、その素材をカラムシ（苧麻）とする説とキヌ（絹）と解する説、および「蒸衾」すなわち暖かい夜具の意と解する説、の三説があるが、最近は、蚕をムシ、真綿をムシワタとよぶ用例があることを考慮に入れて「蚕衾《むしぶすま》」（絹の寝具）と解する説を支持する傾向がある（『日本古典文学大系』③など）。しかし、わたしたちの調査したところでは、カラムシのことを単にムシと呼ぶ用例もあるし、朝鮮語でもそれをmosiとよぶことなどを考え合わせると、むしろ「苧衾」の方が妥当性があるように思われる。なお、蒸衾の説は、つぎにくる「タクブスマ　さやぐが下に」との対句とするのは不適当であるから、

この際は除外してよいと思う。

「ムシブスマ　柔やが下に」の用法は、この歌謡のほかにも『万葉集』の中に

ムシブスマ（蒸被）柔《なご》やが下に　臥せれども　妹とし　寝ねば　肌し寒しも（巻四・五二三）

というのがあって、ムシブスマが柔らかな夜具であったことが知られる。

つぎにタクブスマとあるのは、拷《たく》（コウゾの古名。奈良県下には現在でも古名が伝わっているところがある）の樹皮を原料とした布で作ったフスマで、色が白いところから「白山風《しらやまかぜ》」とか「新羅《しらぎ》」にかかる枕詞にも用いられている（『万葉集』巻十四・三五〇九　栲衾白山風の寝なへども……。『同』巻十五・三五八七　栲衾新羅へいます君が目を……）。

アサブスマは、有名な山上憶良《おくら》の「貧窮問答歌」に

我を除《お》きて　人は在らじと　誇ろへど　寒くしあれば　麻衾《あさぶすま》　引き被《かがふ》り　布肩衣《ぬのかたぎぬ》有りのごとごと　服襲《きそ》へども　寒き夜すらを……

とあるように、もっぱら庶民の寝具として用いられたようである。綿（コットン）を庶民の衣料や寝具に用いるようになるのは、ずっと後世のことであって、上古・上代はもちろんのこと、古代から中世にはもっぱら麻が使われている。

この歌の場合もおそらく、麻布を継ぎ合わせ、綴り合わせた麻衾を引きかぶり、そのほかあるだけの衣料を上に重ねて寒さを必死で防こうとする貧民たちの就寝風俗と解してさしつかえない。麻の衣服類は正倉院に現存するが、冬期の保温にも不適当だし、染色もむずかしく、寝具として決して適当なものとはとても考えられない。江戸時代の貧民は「天徳寺」とよぶ紙衾《かみぶすま》を用いたり「象潟蒲団《きさがたふとん》」とよぶ海草を列ね編み

にした夜の衾を使い、昭和にはいってからでも「石ぶとん」とよぶ綿もはいらない蒲団しか用意しない木賃宿があったというくらいだから、上古・上代の貧民の夜具がおよそどのような状態であったかは察することができる。しかし、麻衾に関する連想には必ずしもそうした暗い面ばかりでなく『万葉集』の東歌(巻十四・三四五四)の中には

庭にたつ麻布小衾《あさでこぶすま》　今夜だに　夫《つま》寄しこせね　麻布小衾(麻の小衾よ、せめて今夜だけでも、夫をよこしておくれ、私の麻布小衾よ)

と、麻の衾に夫を恋い慕う願望をよせた素朴でおおらかな求愛の歌謡もある。

マダラブスマの名のみえるのも、右と同じ東歌の中(巻十四・三三五四)で

伎倍人《きべびと》の　マダラブスマ(万太良夫須麻)に　綿さわだ　入りなましもの　妹が小床に(伎倍の人が使うマダラブスマには綿がたくさんはいっているというが、その綿のように、妹が小床にはいりたかったのに……)

この歌も、前のものと同様、いわゆる通い婚の風習をふまえた相聞の歌なのであるが、マダラブスマというのは斑衾、つまりマダラに色の濃淡をつけたという、いわばデザインによってつけられた名称である。その意味では材質が何かはわからないが、中には綿がはいっているというから(もとよりこの時代に綿とあるのは真綿のこと)かなりぜいたくな寝具が東国の一部では使われていたということであろう。

最後にマドコオウフスマについて考察しよう。この語は『日本書紀』巻二の天孫降臨の話と、同じ巻の海幸彦山幸彦の物語りの二個所に見出される。

まず、いわゆる天孫降臨の場面にでてくるところについて考えてみると、『書紀』本文の文面には

時に高皇産霊《タカミムスビ》の尊、真床追衾《まどこおうふすま》を以て、皇孫天津彦彦火の瓊瓊杵《すめみまアマツヒコヒコホニニギ》の尊に覆《おほ》いて、降《あまく》だりまさしむ。皇孫《すめみま》、

乃ち天磐座《あまのいわくら》を離《おしはな》ち、また天八重雲を排《お》し分けて、稜威《いつ》の道別《ちわき》に道別きて、日向《ひうが》の襲《そ》の高千穂峯に天降ります。

とある。

真床の真《ま》とは本当のといった意味を含めた美称であり、追衾とは、別伝の一書に「真床覆衾」とあるのがもとの意味と解されるから、これは要するにりっぱな床を覆うところの衾でもって、皇孫を覆って（一書には裹《つつ》みてとある）天降らしめた。という意味とうけとれる。

天孫降臨の場面というのは、この文章でもわかるようにたいへん雄壮な調子で説かれているのだが、しかしかんじんの主役が寝具にくるまれて天降られたというのはいささか期待に反するようでもある。だが、この点については、生まれたばかりのニニギノミコトをいたわって衾でつつんだのだという解釈が古くからなされており、最近はこれに類似した儀礼がアルタイ系遊牧民の即位式にみられるところから、オリエントの古代文明地帯に起源をもつ、古い即位儀礼を伝承すると解するみかたもある（大林太良『日本神話の起源』二一八頁）。私はニニギノミコトを稲穂の象徴とみる立場から、フスマとは今でも通用している穀の意味で、稲種が穀につつまれたまま伝来したという稲種伝来の古事を伝えるための表現ではないかと思うが、今はくわしくふれないでおきたい。

ともあれ、マドコオウフスマとは、上にみるかぎりではさしたる特別の意味をもたないようにみえるが、マドコオウフスマの名称は、皇太神宮をはじめ各地の神社の神座にも用いられているし、大嘗祭の悠紀・主基の神殿にある神座の場合にも用いられる言葉である点から、やはり一種特別な尊貴のフスマの称であったことがわかる。

海幸彦山幸彦の物語りのくだりにも、彦火火出見《ヒコホホデミ》の尊《みこと》（山幸彦）が海宮《わたつみのみや》にいかれると、海神《わだつみのかみ》が天孫の身分をこころみようとして「三つの床を設けて」招待した。その時、

ここに天孫《あめみま》、辺《ほとり》の床にしては、其の両《ふたつ》の足を拭《のご》ひ、中の床にしては、其の両の手を拠《お》し、内の床にしては、真床覆衾の上に寛坐《うちあぐみにい》る。海神見て、乃ち是れ天神《あまつかみ》の孫《きみ》ということを知りぬ。

と記している。ここでも真床覆衾というものに何か特別の意味を付与しているわけだが、それが、その形のためか、あるいは材質によるものかはわからない。

さて、フスマとは、臥裳《ふすも》の義であるというのが古来の通説である。裳は腰から下を覆う衣料をよぶが、広義に着物一般の称と解してもよい。しかし、寝るときに覆うものであるのに、臥裳（ふしも〈ま〉）の名があって、なぜ寝裳《ねも》の名がないのかは少々興味のあるところで、史料不充分であるが、寝ると臥すとは本来ちがった意味をもっていたとする中山太郎氏の説（中山太郎『日本婚姻史』二六頁）なども一考にたるであろう。

今日の用語例からいふと、ネルといふ所作は横臥すること、更に平ったくいへば、長々と横に臥すことの意にのみ用ひられてゐるが、古くは我国では此の所作はフス、又はコヤルと称へて、ネルとは全く意味を異にしてゐて、ネルは専ら交会（まぐわい）の意以外には用ひなかつた……

要するに、今日の寝る行為にあたる言葉にフス、コヤルがあって、そのかわりネルというのは男女の交会という意味をもっていたというのであるが、そうした意味でみれば、先きに引用した、

むしぶすま　柔やが下に　臥せれども　妹とし　寝ねば　肌し寒しも

の歌などはまことに明確にコトバを使いわけていることになる。

ただ、記紀・万葉に出てくる用例をすべてにわたって検討していくと、このようにはうまく弁別できない。したがって、もし中山氏の説かれることが正しいとすると、もう記紀や万葉の記述された時代には言葉の純粋な意味はうしなわれてきつつあったとみることができる。この点もはなはだ興味深い問題だが、私は別の所でこの点にふれたことがあるので、今回は省略しておきたい（拙著『ねる歴史』二二頁）。

つぎにフスマの形態であるが、上に引用した史料からは、フスマの中には綿のはいったものがあったことがわかる程度で、ほかにはほとんどヒントとなる材料はない。フスマを図示した最も古い資料としては『源氏物語絵巻』の「柏木《かしわぎ》」の巻と「御法《みのり》」の巻にそれぞれ一個所あることが注目される。これについては後にふれるつもりであるが、それは袖と襟のついたもので、後の夜着《よぎ》とか掻巻《かいまき》と同系列の寝衣であることがわかる。そして、そうした形のフスマは、別に直垂《ひたたれ》ブスマともよばれたことでもわかるように、藤原時代に成立する寛濶な衣服に対応するもので、平安前期以前の中国風（というよりは北方風）の活動的な衣服とは別種のものである。そうした点を考え合わせると『源氏物語絵巻』にでてくるフスマが、そのまま上古・上代のフスマの形態をつたえているとは思われない。

これに対して、フスマというのは、袖や襟のない長《なが》四角のものであったと説く解説もある。古いところでは、鎌倉中期に記された『雅亮《まさすけ》装束抄』（『雅亮装束抄』一、もやひさしのてうどたつる事に）

御ふすまは、くれなゐ（紅）のうちたるにてくびなし、ながさ八尺、又八の（幅）か五のゝ物なり、くびのかたには、くれなゐのねりいとを、ふとらかによりて、二筋ならべてよこさまに三はりさしをぬふなり、それをくびとしるべし、おもてこあをひのあや、うらひとへもんなり、

とかなり具体的に説明を加えている。さらに時代は下るが『源氏物語湖月抄』（『源氏物語湖月抄』九　蔡抄）

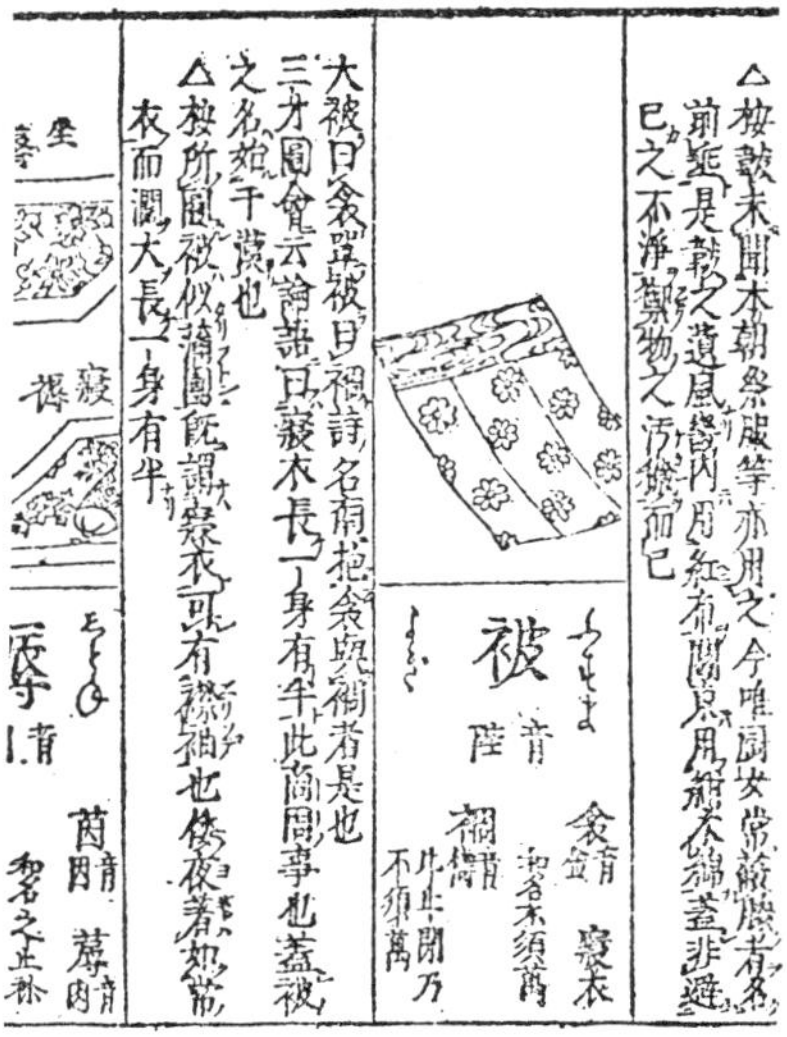

図３　『和漢三才図会』フスマ

にも

衾は色紅なり、紅衾とも云ふ、四角四方也、中重あり、うはざしの組あり、女御入内の夜、女御の御母儀奉り給例也。

と明記しているところをみると、そのような四角四方の裏を製作し、使用する例が長く存続したとも解される。

そうしたフスマの源流について考えると、『和漢三才図絵』のフスマの項に『三才図絵』より転載した上図のような挿絵があり（図3）、それについて

按ずるに図する所の被《ふすま》は蒲団に似たり。既に寝衣《ふすま》と謂は、襟袖あるべきなり、倭の夜着は常衣　の如く、濶大にして長一身有半なり。

と注記している。フスマといえば日本では襟袖のついたもの、という観念にもとづいて素朴な疑問を発しているわけだが、一方この頃（正徳年間一七一一〜一六）には長四角の掛蒲団が出現していたから「似二蒲団一」この説明が生きているわけである。

こうした史料をつきあわせてみると、少なくとも奈良朝から平安前期あたりの頃には、中国風の（長四角の）フスマが用いられていたのではなかろうか、そして平安中期以後に、襟袖のあるフスマが出現してのちも、両者は何らかの形で併存していたのではないかと思われる。そのように考えてみると、中世の後半以後に出現する書院造の建具の中に襖《フスマ》（フスマ障紙）という名称があらわれる理由も理解できるのではないだろ

うか。

トコという言葉の問題

フスマやタタミと共に、わが国の就寝風俗に関連の深い調度としてトコがある。上にのべたところでも、正倉院にある「御床」とか、『書紀』の「真床覆衾」などの用例があった。もちろん『古事記』や『万葉集』にもこの言葉はおびただしく使われている。しかし、では「床」とはいったいどのようなものを指していたか、ということになると、問題は決して生やさしいものではなくなってくる。上古・上代における「床」とはいったい何なのか、ここでは正面からこの問題にとり組んでみることにする。

さて、床なる字を、ここではすでにトコとよんできたが、この字をトコと読むかユカと読むかによっても、解釈は大きく別れてくる。しかし、一般的にいえば床＝ユカなる用例は平安朝以後の習慣と解されるから、この項では床＝トコと限定して出発することにしよう。それだけでも問題はかなり単純化されたことになるが、それでもなお床《とこ》の意味には今日でも、寝具（総称）・寝台・寝所・床の間・畳のシン・トコ屋（髪結《かみゆい》床）のごときバラエティーがある。しかし、これも用語の範囲を上代に限定すると、寝具・寝台・寝所のほかはすべて対象からはずされてしまう。

なぜなら、床の間も畳のシンもトコ屋もすべて中世以降の産物だからである。だが、しからばトコすなわち寝具・寝台・寝所の称と最初からきめてかかることは危険である。それ以外の全く別の意義はなかったか、あるいは、これら三つのうちのさらに限定されたものの称であったか、少なくともこれだけの疑いは残るからである。

野地修左氏の説とその批判

現代語としての床（トコ）に含まれるいくつかの意味内容から、後世の付加的性格のものをとりさっていくと、あとには寝具・寝台・寝所の称としての用法のみが残るとはいえ、それは今のところ常識論として単なる可能性があるというだけにすぎない。その点に鋭い歴史的視線をあてて、常識的な解釈に強く反ばくを加えた意見として、野地修左氏の「床の意義とその変遷」（野地修左『日本中世住宅史研究』昭和三〇年）という論著がある。氏の研究はもともと、東求堂における「床間」の建築史的意義を解明するための傍証として論述されたものではあるが、広い建築史の視野に立ち、かつ、床なるものの建築史的意義を正面からとりあげたほとんど唯一の論文であるから、そのうち、本論に直接関係のある第一節（大化以前）、第二節第一項（奈良時代における床の固定化）、および第三章（概括と余論）に論述されている要点を適宜に整理して紹介し、それを手がかりとしてさらに考察をすすめていくことにしたい。

野地氏の結論をさきにのべておくと、上代の床《とこ》とはネドコではなくて台床である。つまり、土間に対応して「その上に置かれる起居のための建築的施設」（野地氏著上掲書　五八二頁）をさす言葉であるということになる。では、どこからそうした結論がでてくるのか、野地氏の見解を整理してみるとつぎのようになる。

一、表意文字としてのシナの「床」の字には、がんらい臥寝の器具という意義はなかったこと（野地氏は床の原字である牀について、許慎の『説文解字』が「安身の几坐也」と説いていることを前提とされ、万葉がなの「等許《とこ》」とは記紀および万葉にある「床」と同じものをさすから「トコ（床）はしょせん台床の外に出ない」（野地氏著　上掲

書　五七九頁〉と論述されている)。

二、記紀・万葉における「床」や「等許」の用例を検討してみると「いずれもシナの原義で意がよく通ずる」〈野地氏著　上掲書　五七八頁〉こと。

三、ネドコに近似した内容のことばとしては、上代にはネド・ネヤドなる用例が別個にあって、しかもそれこそが寝所の語に相当する。したがって、ネドコの略語としてトコの語が成立したとは推定し難いこと。

以上の三つが、野地氏の立論の要点で、これにもとづいてさきに述べた「床」＝「起居のための建築的施設」という結論を打ち出し、その間に氏は再々、「トコとは、これまで普通なにげなく考えられてきたように、いわゆるネドコを表わしたことばではなく、板敷に関係のある建築構造上の用語」〈野地氏著　上掲書　五七五頁〉であるといった主張をくりかえしておられる。

床《とこ》は寝床にあらずとされる野地氏の見解が正しいとすると、われわれは記紀や万葉をはじめとする古代の文献解釈にも各所で再考を加えねばならなくなる。そうした意味で野地氏の主張はたしかに画期的なものであり、しかも氏の意見に対する批判がないままに建築史家の一部ではそれがすでに定説化しつつあることは軽視できない。だが、正直にいうと、氏の論述過程には少々強引なところがあって素直には肯定できない印象をうける。そればかりか、氏の引用される論拠を再検討してみると、むしろ逆の結論がでるようにさえ思われるのである。そこでやや冗長にはなるが、上に紹介した三点について吟味してかかることにする。

第一に「床」の原字である「牀」にはネドコの意味はなく、単に台床にほかならないとする根拠は、『説文』に、牀を「安身之几坐也」とするところにあったわけだが、では「几坐」とはいかなるものであるかというと、几や俎、もしくは案と同様なもので、要するに木製の四脚の台と解される。したがって、それが「安レ身」の用をなすものであるとすると、結局は四つ足の坐臥具であっても差支えがない。じじつ後漢の劉熙撰の『釈名』釈牀帳には「人所二坐臥一曰レ牀」とあるように、坐・臥という以上は、坐ることも臥す（つまり寝る）こともその用途にはいるとみなさねばならない。またそのように理解しないと、牀帷（牀幃・牀帳も同じで、寝台の内部に垂れるトバリ）とか、牀氈（寝台に敷く布とか、床の下敷のこと）、牀蓐（牀褥と同じでシトネのこと）、牀桟（牀簀と同じで、寝台の上部に架したスノコのこと）といった中国の古典にある熟語になぜ「牀」の字がつくのか説明できないことになる。つまり「牀」は、坐臥の具ではあるが、それは単なる腰掛でもなく、単なる坐具でもなく、むしろ臥具という点に重心のかかったものでなくては具合が悪いということなるのである。

第二に、記紀や万葉集に記される「床」や「等許」を検討するために氏があげておられる史料であるが、これまた、単なる台床と解するよりは坐臥具、よりありていにいえば寝台・ネドコもしくはそれに近似した施設と解した方がよりすっきりとするものが大半である。氏はそれらの古典から一五の史料をぬき出して自説の裏付けにされているが、その史料を再検討してみると、そのうちの一二までは就寝に関係があるし、残る三点も床を寝具と解した方が意味が通りやすい。以下、ややはんさではあるが、その点をたしかめてみることにしよう。

まず意味明白な一二点から考察する（説明の都合上・史料の上に番号をつけ、野地氏の引用文をそのまま再録した上で、――のあとに私の解釈をつけることにする）。

① 「乃将《ちもち》二来《きて》其矢一、置《ば》二於床辺一、忽成二麗《しき》壮夫《おとこ》一」（記・中巻、神武天皇条）――これはセヤダタラヒメのところにミワのオオモノヌシの神が丹塗《にぬり》の矢に化けてあらわれ、首尾よく「その美人に娶《みあ》ひまして」ホトタ

タライススキヒメが誕生するくだりを伝える婚姻の場面であるから、床をネドコと解するのが自然である。

②「故敕《して》二其賤夫《しき》一、将《もち》二来《きて》其玉一、置二於床辺一、即化《り》二美麗《きうるわしき》嬢子《おとめ》一」（記・中巻・応神天皇条）――これも前の文と似た話の一節で、新羅国王の子であった天《あめ》の日矛《ひぼこ》が、賤夫からとりあげた玉より化生した美人と婚姻する場面である。この文は「伽りて婚《よば》ひて嫡妻《むかいづま》としつ」という文章につづいているから、床辺とはネドコのかたわらの意義であろう。

③「時新羅使者毛麻利叱智《もまりしち》等、竊分《に》二船及水手一、載二微叱旱岐《みしかんき》一令レ逃二新羅一、乃造二蒭霊《くさひとかたを》一置二微叱許智之床一、詐為《りて》二病者一」（紀・巻第九、神功皇后五年条）――これも微叱旱岐を別の船で逃亡させておき、本人の床に人形を寝かせ、詐って病人となしたのであるから、この場合はネドコと解するほかはない。

④「太子妃《の》春日皇女、晨朝晏出《あしたにおそくいでて》、有レ異二於常一、太子意疑入《にて》レ殿而見、妃臥レ床涕泣《いさち》、惋痛《あつかひて》不レ能二自勝《らたふること》一」（紀・巻十七・継体天皇八年条）――春日皇女がいつもとは違って朝になってもなかなか起き出てこない。そこで太子が建物にはいってみると、妃は「床に臥して」泣き悶えておられたというのだから、これもネドコと解して当然であろう。

⑤「天皇、自二皇祖母命《の》臥一レ病、及レ至レ発レ喪、不レ避二床側一、視養無レ倦」（紀・巻廿四、皇極天皇二年条）――天皇は皇祖母の御発病の時から御臨終まで、ずっと「床側」を避らずに看病されたというのであるから、ネドコと解して当然であろう。

⑥「飛ぶ鳥の　明日香の河の　上つ瀬に　生ふる玉藻は　下つ瀬に　流れ触らふ　玉藻なす　か依りかく依り　靡かひし　嬬の命の　たたなづく　柔膚すらを　剱刀《つるぎたち》　身に副へ寝ねば　ぬばたまの　夜床も荒るらむ―下略―」（万葉集・巻二・一九四）――飛鳥川の川瀬で寄りなびきあっている玉藻のように、寄り合っ

ていた夫婦であったが、夫（河島皇子）の死によって添え寝ることがなくなったので、夜の寝床も荒れているのであろう……の意味であるから、これまた殊更にあげつらうまでもなくネドコの意味である。

⑦「家に来て吾屋を見れば　玉床の　外に向きけり　妹が木枕」（万葉集・巻二・二一六）――枕との関連。

⑧「里遠み　こひうらぶれぬ　まそ鏡　床のへ去らず　夢に見えこそ」（万葉集・巻十一・二五〇一）――夢との関連よりみて、これまたネドコであろう。

⑨「彼方《おちかた》の　赤土《はにふ》の少屋に　ひさめ降り　床さへ沾《ぬ》れぬ　身に副へ我妹（万葉集・巻十一・二六八三）――やや婉曲ではあるが、小屋に雨がかかって床までもぬれてしまった。だから私の身に寄り添いなさいよ……とよびかけているのだからやはりネドコと解すべきであろう。

⑩「をとめの　床の辺（登許能弁）に　わがおきし　つるぎの大刀《たち》　その大刀はや」（記・中巻・景行天皇条）――これはヤマトタケルノミコトがミヤズヒメと結婚し、契りを交わした翌朝「其のみはかしの草なぎの劔を、其のミヤズヒメの許に置きて、伊吹山の神を取りに」いでましたときの歌であるから、これまた結婚初夜の床でありネドコである。

⑪「衣こそ　二重も良き　さ夜床（瑳用廻虛）を　並べむ君は　恐《かしこ》きろかも」（紀・巻第十一・仁徳天皇廿二年条）――仁徳天皇が八田皇女を召し納れて妃に迎えようと考え、皇后にその旨申されるが嫉妬深い皇后はもとより反対、そこで、その理由を托してよんだのがこの歌。したがって歌の中に「さ夜床を並べむ……」とあるのは、皇后の床と八田皇女の床の二つを並べようとなさるのは……の意味であるから、床がネドコであるのは自明であろう。

⑫「妹が寝る　床（等許）のあたりに石ぐくる　水にもがもよ　入りて寝まくも」（万葉集・巻十四・三五五四）――妹（恋人）が寝ているその床のあたりに、石ぐくる水のようにくぐり込んで寝たいものだの意味だから、これまたネドコをさしていることは明日であろう。

つぎに、意味のやや不明な史料三点についてみておこう。

⑬「自レ比以後　天皇坐二神牀一而　昼寝」（記・下巻、安康天皇条）――神牀の意義はやや解し難いといえようが、同じ語句は古事記の崇神天皇条にも「比の天皇の御世に、疫病多に起り、人民尽きむとす、すなはち天皇、愁ひ歎かして、神牀に坐しし夜、大物主の大神、御夢に顕れて……」（『古事記』中巻　崇神天皇条）とあって、ここでは天皇が夜そこで夢をみられたというのであるから寝床か寝所、もしくは寝るしつらいを指すものと考えられる。この安康天皇条の場合も、天皇が「神牀に坐して、昼、み寝ましき」とあるのだから、やはり同様に理解してさしつかえないであろう。

⑭「吾児視二比宝鏡一、当レ猶レ視レ吾、可三與同レ床共レ殿、以為二斎鏡一」（紀・巻第二・天孫降臨条）――これも、この史料のみでは難解だが、④の史料に「殿に入りて見たまふに、妃・床に臥して……」とあったのを参考にすると、殿を共にし寝床を同じくし、の意味と解されよう。なお、⑧の歌謡に「真澄鏡、床の辺去らず……」とあったように、真澄鏡は床にかかる枕詞として使われるが、その訳は「真澄は床の辺に置く」（日本古典文学大系『万葉集』三、一八七頁）習わしであることに由来している。そうした古代の習慣も上記の解釈を自然と解する支えになるであろう。

⑮「みなとのや　葦がなかなる　玉小菅　苅り来　わが背子　床（等許）のへだしに」（万葉集・巻十四、三四四五）――この歌は地方の民衆の歌を集めた一群の作品の一つで、他の作品と同様露骨でおおらか

な表現を特色とする相聞歌とみてよい。とすると、歌は、妻（もしくは娘）が働きに出る夫（もしくは愛人）に、どうか菅を刈ってきてください。寝床のへだし（隔て）にいたしましょう。とよびかけているものと解すべきだろう。

記紀・万葉にみえる「床」の用例は、右の一五点につきるものではない。むしろ、これらは野地氏が氏の説を立証するために抽出されたもので、どちらかといえば氏の説に都合のよい史料であったはずである。それですらも以上の考察によって得られた結果は、逆に床はネドコもしくはそれに近いしつらえを示していたことを注目しておきたい。

第三に、野地氏は『万葉集』の中に、寝所を意味する言葉としてネドとネヤドの語のあることをあげて、トコが別の意味をもつという自説の傍証とされている。ところでそのネドをよんだ歌は、

⑯「安太多良の　嶺に臥す鹿猪《しし》の　ありつつも　吾は到らむ　ネド（禰度）な去りそね」（巻十四・三四二八）

⑰「あづさ弓　よらの山辺の　繁かくに　妹らを立てて　サネド（左禰度）払ふも」（同・三四八九）

とあるのだが、野地氏はこのネドの用例の方が床よりも現代のネドコに近いものとされ、しかも、そのネドすらネヤド（寝屋度）（万葉集・巻五、八九二）と同じく、起居のための家屋そのものを指すのであって「けっして寝るしつらいではない。だから今のネドコと呼名は近いが、内容はおのずからことなる」（野地氏著　上掲書　五八〇頁）と説き、こうした前提に立って、氏は結論的にネドコという意味の床の語があらわれるのは「室町末か桃山ころ」と推定され、その転化のプロセスは

ネドコロ（寝所）→ネドコ（寝所）→ネドコ（寝床）→トコ（床）

と順を追って転化してきたと説明される。

ところで、ここにあげた二つの万葉歌謡にいうネドとは、歌の内容からみて、いずれも明かに野外における男女の交会の場所をさしているから、氏のいわれるようにネヤドと同じとは解しがたい。またネドコロの語も『枕草子』には出てくるが、記紀・万葉にはみうけないから氏の説かれる転化のプロセスも出発点に誤りがあることになる。さらに氏によると、記紀・万葉にはネドコの用例がないことになるが、書紀の歌謡の中に「沖つ藻は　辺には寄れども　さネドコ（禰耐拠）も　能はぬかもよ　浜つ千鳥よ」（巻第二）の用例がある。しかもこの歌は、本文の内容からみても、また歌そのものの意味内容（沖の海藻は岸辺に寄ってくるが、自分の妻はそのように寄って来て寝床を共にしてはくれない、何時も夫婦が一緒にいる浜の千鳥のうらやましいことよ……）からみても、ネドコ＝寝床と解して決して不自然ではない。したがってこの点でも氏の立論には無理があるといえる。

以上野地修左氏が床とは本来「ネドコではなく台床である」とする自説を立証するために用いられたのと同じ史料を再検討して、むしろ逆の結果を見出さざるを得ないという帰結を説明しえたと思う。なお、ついでながら氏は文献史料を補う材料の一つとして奈良朝期の「過去現在絵因果経」のあることを指摘され、その絵巻中、家屋の中にしつらえた台床の上に男女が二人正坐し土間の部分に楽人達がはべっている場面を図版にして掲げておられる。しかし、実は同じ絵巻（同じ益田家本の過去現在絵因果経）には他の個所で、同様の家屋の中に、これまた同様な床があって、その上に妓女が寝具にくるまって寝ている場面がある。（図4）それはシッタルダ太子の出家踰城前夜にまつわる有名な物語の一場面であるが、風俗はインドのそれではなく、すべて中国風に表現されているから、わが国の風俗への影響を考える参考資料として記憶にとどめてお

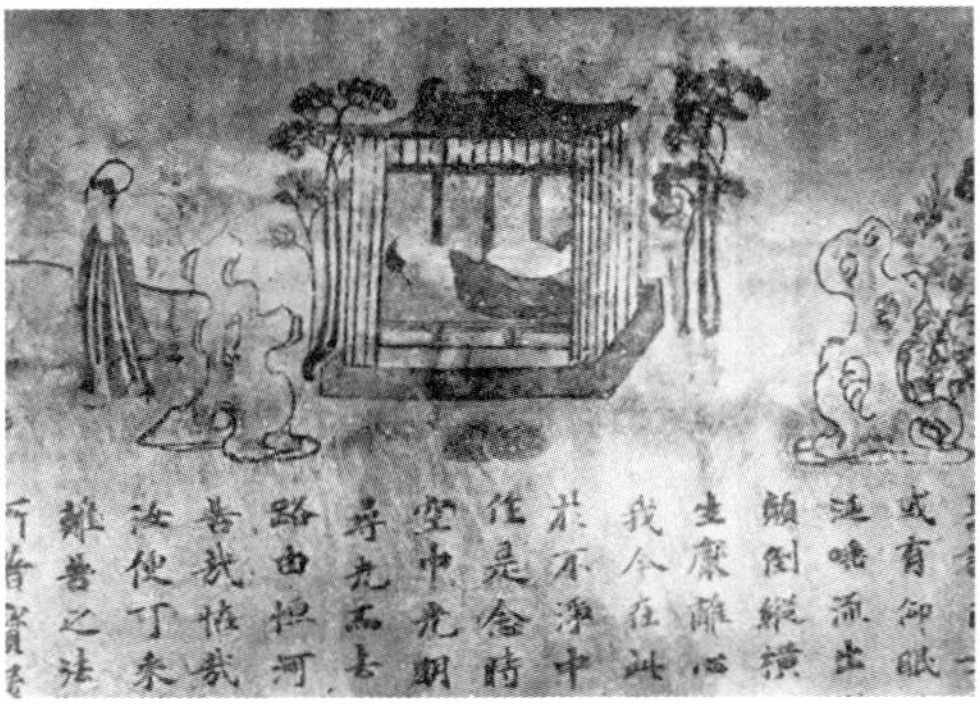

図４　過去現在絵因果経（旧益田家本）

図５　正倉院御床

く必要があろう。

床と寝台

以上によって、記紀・万葉にあらわれる床《とこ》なる語が、今日のネドコに近いコトバであることがほぼ明かになったが、ここでただちに、それをば畳の上にフトンを敷いた今日のネドコのごときものと想像することは誤りである。なぜなら、今日のフトンは近世初頭にはじめてあらわれるものであり、また、今日の畳のごとき製品も中世のおそらくは中期以後になって出現したものにすぎないからである。それ以前の畳には藁床の部分はなく、いわば今日のゴザかウスベリに近いものであって、しかもその畳の上にじかに寝ることが多かった。古代末期から中世にかけての絵巻物にはこういった就寝風俗がしばしばえがかれているわけだが、さらにそれ以前になると、そうした視覚史料はほとんどなくなってくる。そこで、では上代におけるネドコはいったいいかなる形状のものかが改めて問われることになる。

ここで参考になるものに、さきに掲示した「過去現代絵因果経」の一場面がある。もとよりそれは中国画のかなり忠実な模本であろうから、いってみれば中国の風俗をえがいたものにほかならない。しかし、古墳時代以降のわが国の風俗には多分に大陸の影響がみられるから、大陸風の建築がかなり広くいとなまれた飛鳥時代以降には、内部のしつらいにもそれが模倣されたことも想像される。そして、じじつそうした想像により明確な裏付けを与えるものとして、正倉院に現存する聖武天皇御遺愛の「御床」（図5）があるわけだ。それは、高さ三九センチ、長さ二三三センチ、幅一一八センチの木製の台で、一面を胡粉で仕上げた牀桟式の寝台《ベッド》であるが、これが二基あって『天平勝宝八歳六月二十一日献物帳』（いわゆる『国家珍宝帳』）の最末尾に

御床二張 並塗胡粉具緋（黒）地錦端畳褐色地錦褥一張廣長亘両床緑絁袷覆一条

とあるものに相当することが明かである。つまり、もとはこの二張の床を併置して、その上面に黒地錦端の畳《たたみ》を敷き、その上に褐色地の錦の褥《しとね》を置いて、一番上に緑地の絁《あしぎぬ》の袷を覆《ふすま》としてしつらえたものである。褥と覆は失われたが、畳は残闕が発見されており、石田茂作博士の報ぜられているところによると「真菰の蓆六枚を重ね、ところどころ麻糸で綴し、その表に藺筵（いむしろ）を、裏に麻布を取りつけ、花文錦の縁を取ったもの」（石田茂作・和田軍一『正倉院』昭和二九年　九一頁）である。

この御床についてみると、改めていうまでもなく、床とは木製の寝台・寝牀にほかならない。もとより、この御床は聖武天皇の御物であったから、おそらくは特別な高級品ではあったろうが、だからといってこれを例外的な特別品とみなす必要はないであろう。すくなくとも、上代の貴族達の使用した床はこれに類似した品物であったと考えていいと思う。こうしたイメージをもって、記紀・万葉などを改めて読んでみると、床にまつわるストーリーがより明確に把握できる。

文献にあらわれる床の再検討

正倉院の御床と「絵因果経」にえがかれている床の二つの例をもって、それをただちに上代の床一般にあてはめることは速断にすぎようが、こうした視覚史料をもとにし、その床なるものを上代の住宅史にかみあわせて当時のスマイの内部を再構成し、そこにおいて展開された上代人の生活風俗を想起してみることは、あながちに無駄な作業ではないであろう。しかし、これらの実物からただちに結論を下すまえに、文献にのこされている床の用例のいくつかを検討してかかることにしよう。

一、『大殿祭祝詞』――これは新嘗大嘗の前後とか、宮殿の新築の時などに斎部氏のとなえる祝詞であるが、その中に「堀り堅めたる柱・桁《けた》・梁《うつばり》・戸・牖《まど》の錯《さか》ひ動き鳴る事なく」「引き結へる葛目《つなめ》の緩《ゆる》び、取り葺《ふ》ける草《かや》の噪《そそ》きなく」「御床つひのさやき、夜目のいすすき、いづつしき事なく」ととなえるところがある。これらは連続した文章で、その間が省略されているわけではないが、このように三段にくぎってみると、この文章の意図が明確につかめる。つまり、第一段は建築の構造部を、第二段は屋蓋部を、そして第三段は内部施設としての床を、というふうに順次に語っていくのである。したがってこの場合の床は、現在語の床《ゆか》のような構造部ではなく、建築の構造部ができあがってから、その内部に（おそらくは土間の上に）別個に設置される家具であることを暗示している。

二、『日本書紀』巻第一、「一書に曰く、スサノヲノミコトのりたまはく、（中略）杉とクスノキと、この両の樹は浮宝《うきだから》とすべし。檜は瑞の宮をつくる材とすべし。柀《まき》は顕見蒼生《うつしきあおひとぐさ》の奥津棄戸《おくつすたへ》に臥さむ具にすべし。……」――これはミコトが「その当用を定め」（木材の用途をさだめて）杉とクスノキを船の材に、檜を宮殿建築の材に、枕をひとびとが奥津棄戸にうち臥す具として用いよと定められたというのである。問題は、そこにいう「奥津棄戸に臥さむ具」とはいったい何かということであって、一般にはこれを木棺の意味に解している。これは『釈紀』に「私記曰。問是何用哉。答作レ棺也。」とあることをよりどころとするものらしく、なおいえば、奥津とあることから奥津城《おくつき》（墓の古語）を連想し、棄戸を棄戸と解して屍を棄てるの意味にとることに由来するのであろうが、これはいただけない。むしろ「奥津は家宅の奥方」「棄戸（すたへ）は借字にて簀上（すたへ）の義」（飯田武郷『日本書紀通釈』巻三十二）とする飯田武郷氏の説に従うべきであろう。もっとも、飯田武郷氏はこの一文を解して「枕は天下人民の家宅を造り。牀の上に臥せらん為に。其屋材と定めて。其具に殖並へ玉ひ。」とされているが、この文にはどこにも家宅をさす個所はなく、従って枕を屋材とする根拠はないのであるが、思うにこれは、同氏が上代人が木製の床《ベッド》を使ったことには思い及ばれなかったための誤ちであろう。じじつ、氏は簀についての説明の中で大嘗祭儀に悠紀主基二院の内部について「地に敷くに束草（つかくさ）を以てし。播磨の簀を以て其上に加へ。簀の上に席（むしろ）を加ふ。既にして掃部寮、白端御畳を以て席の上に加へ、坂枕を以て畳の上に施す」とあるのを引用し、そうした束草の上に竹簀を架したものを上代人の床と解しておられる。もちろん束草の上に竹簀を架し、その上に席や畳を加えて寝所とするものも上代にはあったであろうし、また、それをトコとよぶことがなかったとも断定はできない。しかし、祭儀につくられるそうした寝所はあくまでもその当座の用をなせばよいのであって、決して恒久的なものではなかったのであるから、一般的には木材を使った床が使用されたと解する方が自然ではなかろうか。

なお、これらの史料にあるように、彼らの寝具が簀を使用していることは、それとは別の意味で注意せられる。つまり簀《す》は栖や巣に通じる名詞であって、それを語幹とした棲《す》むといった動詞が活用されている。してみると日本人のネドコの基本的な形態は、あるいは簀であったかもしれない。そして、正倉院のかの御床が牀簀型であることも、そうした伝統をつたえた結果ではなかろうかとも思われるが、この点については今回は単なる仮説を提唱するにとどめておきたい。

話がやや中心をはずれたようであるが、もとにかえして本文を解釈すると、その意味は「柀《まき》をもって人民達の寝床の材とせよ」ということである。柀をはたして今日の高野柀《こうやまき》などの類であるとすると、それは耐湿性にすぐれた材としてのマキの性格を経験的に察知した卓説としてまことに感歎に値する指摘であるが、この点ははたしていかがなものであろうか……ともあれ、ここでもわれわれは、上代の床について新たな知見を得たことになる。

三、『古事記』下巻（清寧天皇条）、「山部の連小楯を針間《はりま》の国の宰《みこともち》に任たまひし時、其の国の人民、名は、しじむの新室の楽《うたげ》に到り、（中略）即ち、小楯の連、聞き驚きて、床より堕ち転びて、其の室の人等を追ひ出し、其の二柱の王子を右左の膝の上に坐さしめ……」――これは履中天皇の末裔になる二王子が小楯によって発見されるという劇的な話の一場面であるが、小楯は驚いて床よりころげ落ちたとあることや、その室の人等を追い出したとあるところをみると、室の中には幾人かの人たちが（恐らくは土間に）おり、小楯は貴人であるから床の上に安坐していたことが察せられる。床は寝るための寝台であるとともに、上坐としても使用されたことがわかる。床を指して「坐臥」の具と称されるゆえんである。

四、『日本書紀』巻第二「海神聞きて曰く「試みむ」といひて、三つの床を設けて入りまさしむ。ここに天孫、辺《ほとり》の床にてはその両の足を拭ひ、中の床にてはその両の手を拠し、内の床にては、真床覆衾の上に寛坐したまひき」―これは海幸山幸の物語を伝える書紀の一書（第四の一書）の記述である。この床についても各種の解釈がこころみられているが、それを下段の間、中段の間、上段の間といった書院造式の建築の知識から解釈することはもとより的はずれである。むしろそれは『万葉集』巻第三に

隠口《こもりく》の　泊瀬小国に　よばひ為す　わがスメロキよ　奥床に　母は寝たり　外床に　父は寝たり　起き立たは母知りぬべし　出で行かば父知りぬべし……

と、家族が床（寝台）を並べて寝ているさまが語られているように、やはり寝台の意味に解した方がよい。「内の床にては、真床覆衾の上に寛坐したまひき」とあるように床の上には衾《ふすま》（正倉院の御床における覆と同義）がおかれてあることもそれを物語っていよう。なお、同じ場面をさして、書紀の本文は「海神、ここに八重席薦（たたみ）を舗敷（し）きて、延内（ひきい）れたまう」とし、第二の一書は「八重席を設けて」とし、第三の一書は「海驢（みち）の皮八重を舗設（し）きて」とし、『古事記』には「美智の皮畳八重を敷き、亦絁（きぬ）畳八重を其の上に敷き」とあることも考慮すべきである。そこにいう蓆《むしろ》、薦《こも》などは、正倉院の御床の上におかれた畳の内容をなすものであり、皮畳や絁《きぬ》畳については『古事記』の小碓命の物語に「菅畳八重、皮畳八重、絁畳八重を波の上に敷きて」とあるように、やはり貴人の坐（同時に臥具）に使用されたことがわかる。しかし、それらはこの場合にはやはり床の上に置いたのに相違なく、もって寝所のしつらえとしたものであることは、この話のつぎに「即ち其の女（むすめ）豊玉毘売を婚せしめき」（記）、とか「因りて女豊玉姫を妻（あは）せまつる」（紀）、という事態がくることによっても裏付けられよう。

五、『日本書紀』巻第十二、「明日（あくるひ）の夜、太子、仲皇子のみづから奸しつることを知らしめずして（黒姫の家に―筆者注）到りたまひて、室に入りて、帳（とばり）を開けて、玉床にましります、」―ここ

では、室にはいり、帳を開けて、玉床にましました。とあるところのみを注意しておこう。この帳というのがはたして寝殿造の建築などに用いられるようなととのった形体の帳であったかどうかは、これだけの文章からは想像できないが、『古事記』のスセリヒメの歌謡として伝えるものに

文垣《あやがき》のふはやが下に　むし衾にこやが下に　栲《たく》衾さやぐが下に　沫雪《あわゆき》の若やる胸を　栲綱の白き腕《ただむき》
素手抱《そだた》き手抱《てだ》き抜《まな》がり　真玉手《またまで》玉手さし枕き　股《もも》長に寝《い》をしなせ……

とあって、ここに「あやがき」とあるのは、この歌が寝所における交情の描写であるところからみても、彩《あや》色の垣《かき》（垣は隔て、つまり帷張のこと）の謂であり、ふはやとはそのうすものの形容で、ふわふわとした意味であることが了解される。本文に帳とあるものは、ここにいう文垣にあたるものであることはいうまでもない。

まとめ

野地修左氏の「床の意義とその変遷」に対する批判を足がかりに、上代における床の視覚史料や文献史料を検討してきたが、これによって、上代の床というものの大要は把握できたように思われる。ここで、以上の結果をひとまとめにして整理すると、第一に「床」は、その漢字が表意しているように、木を材として作った構造を主体とする寝台《ベッド》であり。第二に、屋内の調度としては、家屋の構造部に準ずるものとして重きをなしていたこと（大殿祭の祝詞などによる）。第三には、単なる寝具にはとどまらず、坐具としての用も兼用していたこと。つまり坐臥の用具と解すべきこと。第四には、その上に多くは席《ムシロ》を重ね合わせた畳をおき、おそらくは衾をもって上部を覆って使用（坐・臥双方の用に）していたと解されること。第五には、そ

れらの上部のしつらいをも含めてトコとよぶことがあったと解されること。第六には、床の隔しとして帳を用いることがあったこと。

ほぼ、以上のように集約できるのではないかと思う。

上古のマクラとクシゲ

マクラの語源

マクラという言葉は古い。生活様式の発展につれ、われわれが日常使用する家具も調度も服飾も年々変化してきたし、その名称も時代によって移り変わり、古いことばのままに、同じ姿のものが久しく存続している例は極めて稀である。ところが、われわれが毎日使っているマクラだけは、名称も昔のままだし、その形状にも大した変化はない。われわれはそれがあまりにも身近に存在するために、これを歴史学の対称としてみることすら忘れがちである。ところがひとたび疑問をもってこれを眺めると、それが実に不思議な存在であることがわかる。

第一にその名称の由来すら明らかでない。ためしに『大言海』をくってみると、「間座《まくら》ノ義、頭ノスキマヲ支フルナリ」これでは一向に要領を得ない。なぜ『大言海』がこのような無理な解釈をとっているのかいささか理解に苦しむが、もちろん、古来この問題をめぐる論議がなかったわけではない。むしろ諸説たがいに主張を異にしたまま、定説に達していないといった方がよい。そこで、左にその要領を列記し、批判を加えた上で私の見解をのべることにする。

(一)マキクラ(纒座)のキとクをつづめた(『古事記伝』二十四)
(二)アタマクラ(頭座)の上を略した(『和漢三才図会』三十二。『日本釈名』下)
(三)マクラ(目座)の義(『倭訓栞』訓篇二十九)

さて、この三者のうち現在もっとも支持されているのは(一)であるが、この解釈は、枕というものはもともと薦《こも》などを巻いて頭に当てがったものだという理解にもとづいている。しかし、記紀や万葉にでてくる枕の種類には、木枕・杉枕・岩枕・石枕・皮枕・草枕などがあって、材質上、薦枕のように纒いて使用したと考えられるものはかえって少ない。もちろん薦枕やその変形ともみられる括枕《くくり》が「枕の原初形態である」(谷川士清(『倭訓栞』訓篇二十九)という論拠もない。

第二のアタマ・クラ説については、まずアタマという名称が太古からあったかどうか疑問であるし、さらにアタが略されてマだけが残るという理由も、他に同様なケースがないと納得できない。そういうわけでこれも根拠不十分であろう。

第三のマクラ(目座)説。これもマクラというものが、じつは目を支える用具であるとする古代人の発想を裏づけるものがあればともかくも、それが示されない以上、単なる思いつきにすぎないといえる。

このように、上記三説はいずれも一理はあるが説得力に欠けるものばかりである。ただこれらを通観してみると、クラを座と解釈する点に共通性があることに気がつく。マクラがもの(現実には頭)を乗せる座であるから、こう考えるのも自然ではあるのだが、私はここに落し穴があるのではないかと思う。つまり、クラということばは、座のほかに、蔵・倉を意味する場合も多いが、マクラのクラもじつはそれからきているのではないかと考える。もっとはっきりというならば、マクラというものは魂《タマ》の倉(魂魄の容器)という機能をもっていた。つまりタマ・クラであったものが、これがつづまってマクラになったと思うのである。その理由はつぎにのべるが、「tamaということばの語根はmaであって、taはその接頭語にすぎない」（白鳥庫吉博士『神代史の新研究』三五頁）とする有力な論説もあるから、タマクラ→マクラということばの系列は極めて自然であろう。

マクラが実はタマクラであったということは、万葉の歌謡によっても証明することができる。

逢はずともわれは怨みじこの枕われと思ひて枕《ま》きてさ寝ませ（巻一一・二六二九）

旅立つ夫に自分の枕をあたえてよんだ歌であろうが、この場合、枕は単なる形見という以上の意味がこめられている。

玉主に玉は授けてかつがつも枕とわれはいざ二人寝む（巻四・六五二）

ここでは枕と自分とで二人と称しているように、枕に一種の人格を認めていることがわかる。

荒波に寄りくる玉を枕に置きわれここにありと誰か告げなむ（巻二・二二六）

これは柿本人麻呂が狭岑《さみね》島の荒磯で死人を見てよんだ歌に擬《なづら》えた丹比真人《たじひのまひと》の歌である。したがって玉とあるのは死人の魂魄であるが、それを枕に置きとあるのは、魂魄が枕に寄りつく、もしくは枕の中に宿るという観念に基づく発想である。「隠岐では死者の最近者が（枕を）足で蹴りはずす」慣習があった（柳田国男『民俗学辞典』五三四頁）そうであり、陸奥の鰺が沢付近には「難船して死体の見つからない場合、その人の生前使っていた枕を形代《かたしろ》として墓に埋める」ことが行なわれていた（柳田国男『民俗学辞典』五三四頁）というのも、ひっきょう同様な信仰に由来している。柿本人麻呂が妻を喪ったときの歌に、

家に来て吾屋を見れば玉床の外に向きけり妹が木枕（巻二・二一六）

というのがある。「外に向きけり」とは枕返《かえ》しといって、死者の枕を頭からはずして北向にかえることを指したものだが、この枕返しという習慣も、死者の魂が枕の中に籠められているという観念から発したものと解すれば得心できる。

直に逢はずあらくも多く敷栲の枕離らずて夢にし見えむ（巻五・八〇九）

ここだくに思ひけめかも敷栲の枕片去（かたさ）る夢に見えける（巻四・六二三）

この二首は相手の枕に自分の頭を近づけて眠ることによって夢であうことを願うものだが、夢で人に会うことは、睡眠中に魂と魂とが会うことを意味しているから、ここにも相手の枕にはその魂が宿っているという観念が働いている。

敷栲の枕動きて夜も寝ず思ふ人には後も逢はむかも（巻十一・二五一五）

さ夜ふけて妹を思ひ出敷栲の枕もそよに嘆きつるかも（巻十二・二八八五）

これらの歌も自分が恋人を思って輾転反側するために枕が動く（「そよに」は動いて音を立てるほどにの意味）と解されがちだが、そうではなく、相手の心が枕の動きとなってあらわれる（枕そのものが動く）ことをいっているわけで、これまた枕が魂の容器であることに由来する。やや時代は下るが謡曲の清経の一節には、

手向け返して夜もすがら、涙とともに思ひ寝の夢になりとも見え給へと寝られぬに、かたむくる枕や恋を知らすらむ、枕や恋を知らすらむ

には、枕が自分にかわって恋心を相手に伝えてくれるだろうという願いが語られている。つまり、枕は単に頭をのせる道具とか、それを使った人を間接的に連想させるものとかでなく、人の心を宿すもの、人間のタマシヒを籠めるものとしての働きが語られているわけである。

枕を蹴ったり投げたりしてはならぬとか、人の枕をまたいではいけないなどという俗信は、まだわれわれの身近にも残存しているが、この種の「枕のトガ」を恐れる風習も、もとはそれが魂魄の容器、つまりタマのクラであったからにほかならない。

クシゲとタマテバコ

櫛笥《くしげ》は櫛を入れる容器つまり櫛箱のことだが、これはまた古代人の寝室をかざる小道具の一つでもあった。古代人は櫛を玉などと同様に神秘な霊力をもつもの、つまりクシ（奇）ビなるものと考え、また頭に飾るところから、それをさす人の魂《たま》を宿すものとも考えた。

浦島太郎の伝説（浦島子伝）は万葉集と丹後国風土記（逸文）に古い形が記されてあるが、それらには浦島太郎が乙姫さんからもらう玉手箱のことを玉篋・玉匣《たまくしげ》と記している。たとえば

この箱を　開きて見てば　もとの如　家はあらむと　玉篋《たまくしげ》　少し開くに　白雲の　箱より出でて……
（『万葉集』巻九・一七四〇）

とか

水の江の　浦嶋の子が　玉匣《たまくしげ》　開けずありせば　またも会はましを（『丹後国風土記』逸文）

といった具合である。ところで、乙姫さんはなぜ浦島太郎に玉篋をくれ、また、それを開いた浦島太郎がたちまちお爺さんになるのはどういうわけだろうか……、その点については、松村武雄氏が比較神話学の角度から明解に答えておられる。氏の文章を引かせていただくと、

「この場合の「玉」も実をいへば「魂」である。仙女によって不思議な匣（はこ）に封じ籠められたも

のが「魂」であったればこそ、匣を開いてその中のものを逸脱させた浦島ノ子が忽ち老い衰へた」（松村武雄『日本神話の研究』第四巻）というわけなのである。玉篋《タマクシゲ》が後に玉（魂）のこもった手箱という意味で玉手箱ともいわれたのはこのゆえである。

クシをタマグシ、クシゲのことをタマクシゲと称する場合のタマは、単なる美称と解されがちであるが、この例でもわかるようにクシとかクシゲにはもともと、タマ（魂）とかタマの容器（タマハコ）という意味がこめられていたのである。してみると、クシゲとマクラとはともにタマの容器という点で共通の性格をもっていたことになる。近世に普及する箱枕とか舟底枕は、クシゲとマクラの両用を兼ねたものだが、この両者が結合する必然性は古くからあったことになる。和泉式部の歌集の中に

ものへいく人にまくらばことらすとて

わすらるな　うらしまの子が　玉くしげ　あけてうらみん　かひはなくとも（『和泉式部集』五）

とあって、玉匣のことをマクラバコとも称していたことをしのばせるものがある。このマクラバコがもし箱マクラの一種であるとすると、その早い用例といえるのだがこれはいささか速断にすぎるであろうか。

なお、万葉の歌謡の中に

臣女《たおやめ》の　匣《くしげ》に乗れる　鏡なす……（巻四・五〇九）

という表現があって、櫛笥が鏡の台に使用されるありさまが描写されている。一方、同じ万葉の中に「真澄鏡《ますみのかがみ》　床の辺去らず……」という表現があることに関して、鏡を床のほとりに置くならわしのあったことは、先きに言及しておいた。この二つの歌謡を参照にしても、櫛笥は鏡とともに床の辺に、そしておそら

くは枕の近くに配置していたものであろう。

フセヤ（臥屋）・ネヤ（寝屋）・ツマヤ（妻屋）

「イヘ」と「ヤ」

もっとも原始的なスマイはス（巣）であって、それがやがて屋の内部に炉を設えるイヘ（家）へと発展したことはさきにのべた。ところがさらに、弥生時代にはいって、従来の竪穴式の建物のほかに高床式の建築が作られるようになると、その構造の違いをしめすのにムロ（室）とかトノ（殿）の語があらわれる。

ムロとは土に穿った穴のことだが、竪穴住居のように、上に屋根を覆った場合も、単にムロといった。

黒木もち　造れる室は　坐せど飽かぬかも（『万葉集』巻八・一六三八）

の歌は、黒木（樹皮をつけたままの素材）で作った竪穴式住居への愛着を表現したもので、室とはいうまでもなく竪穴式住居そのものを指している。

トノとは本来タナ（棚）の音便で、地上にタナを設けて作った高床式の家屋を意味している（したがって、タカドノ（高殿）という場合は単なる高床建築ではなく、さらに床の高い楼閣をさすわけだ）。

ムロには階級的な特権的の意味はなかったが、トノは主として貴人の住居であったところから、この語は一種の敬称となって今日にいたっている。そうしたトノの警護のために当宿（宿直）することがトノヰ（殿居）とよばれた。侍宿《とのい》である。トノヰには「トノヰブスマ（衾）」とよばれる携帯用の寝具を「トノヰブクロ」なるナップザックに入れて持参するならわしがあり、そうした習慣からやがて「トノヰモノ」なる寝具の名称があらわれるのだが、これはむしろあとの章に関係の深い事項になる。

さて、こうしたムロ、トノの語の出現によって、古いイへという語は本来の意味をうしなって、人の住居一般をよぶいわば普通名詞になったらしい。ところが、いまひとつ、ムロ・トノとは違った角度から建物そのものをさす言葉としてヤ（屋）という語があらわれる。ヤは今日のヤネ（ネは接尾語）である。だからムロの上にヤを架した屋舎はムロヤとよばれるわけだが、日本のように雨の多い地域では建物にはヤつまり屋根は欠かせないところから、ヤは建物そのものの義となった。マヤ（切妻屋根のこと、転じて切妻建築をさす）、アヅマヤ（寄棟《よせむね》屋根のこと、これも転じて寄棟建築の義となる）の語は屋根の形によって建築を区別する場合の用語であり、オホヤ（大屋）、オヤ（小屋）はその大小による区分であるが、これからのべようとするフセヤ・ネヤ・ツマヤはもともと建物の機能による区別をさし、したがってこの場合のヤは建物そのものの呼称となっている。

「フセヤ」と「ネヤ」

前項フスマの項で、フス（臥す）とネル（寝る）とは本来違った行為をさす言葉であったと推定されることに言及した。上古の文献には、そうした動詞とともに、それぞれの行為のいとなまれる場が別々の言葉で区別されていた形跡がある。ここでのべようとするネド・ネヤおよびフセヤがそれである。

万葉集に、こんな歌がある。

安太多良《あだたら》の　嶺《ね》に臥す鹿猪《しし》のありつつも　吾《あれ》は到らむ　寝処《ねど》な去りそね

（安太多良山に住んでいる鹿猪がいつもそうするように、わたしはかならずそこへ行くのだから、どうか寝処

〈寝場所〉を去らないでくれ）

梓弓《あづさゆみ》　欲良《よら》の山辺の　繁かくに　妹らを　立てて　さ寝処払ふも　（巻十四・三四八九）

（欲良の山辺の繁みの中に妻を立たせておいて、わたしは草を払って共寝の場を作ることだ）

これらに歌われているネドはいずれも野外における男女交会の場をさしている。

つぎにネヤの語であるが、『書紀』についていうならば、これは「寝」とか「内寝」の訓《よみ》として使われることが多い。つまり寝室もしくは寝るためのしつらえ、つまり閨房の称のごとく使用されるわけだが、万葉の歌謡には

夏影の　房《やね》の下に　衣裁《きぬた》つ吾妹　裏設《うらま》けて　わがため裁たば　やや大《おお》に裁て　（巻七・一二七八）

（夏の木影にあるネヤの中で、布を裁っている私の妻よ、それが私のためなら、裏を用意して、やや大きめに願いますよ）

とある用例など、まさに寝屋《ねや》なる建物じたいを指しているとみてよい例がある。建物の中に間仕切《まじきり》がほどこされていわば寝室のごときものが現われるのは古代も末期のことであろうから、上古にネヤというのは、本来、寝屋なる建物の機能に即した名称であったとみてよいだろう。だが、わたくしは万葉におけるネヤはすでに上古のネヤではないと思っている。つまり、ネヤとは、もともと集団婚の段階における屋外婚から屋内婚への発展に応じて出現した集団婚儀のための建物であり、強いていえば、近年まで地方に残存した若者宿の原型といえるものであったとみている。そして対偶婚の成立した万葉の時代にはその場を妻屋にゆずった

がその名称だけは例外的に存続して中世には寝室とか寝るためのしつらえの呼び名に転化するものと考えている。

一方、フセヤ（臥屋）については、

ふせ屋焼《た》く　すすし競い……（巻九・一八〇九）

といった用例があり、「フセヤたく」が次にくる「すすし」の枕詞になるのは「伏屋で火をたけば、煤（すす）がたつので、すすにかかる」（佐々木信綱『万葉集辞典』）という解釈があるように、そこには炉があり、火がたかれるという日常生活の場というイメージがある。けだしフスというのはもともと日常的な就寝をさす言葉だからである。ただし万葉集にみえるフセヤの用例には単に廬扉屋なるカヤブキの小屋をさしたと考えられる場合もあるが、これは万葉の頃にはすでにフスとネルの言葉の区別が失われつつあった事情から考えると問題とするにはあたらない。

このように寝る（男女の交会）ためのネヤ（寝屋）と、日常の安息の睡眠である臥すためのフセヤ（臥屋）の区別があったのは、夫婦が一つの屋根の下で日常生活を共にする夫婦同居という形式（同居婚）のない上古としてはむしろ当然のことだが、その別居婚にも野外婚から屋内婚へ、群婚から対偶婚《たいぐうこん》へ、という発展があった。だからさきにもふれたようにネドとネヤとは野外婚と屋内婚にそれぞれ対応する言葉であろうが、さらにネヤとつぎにのべるツマヤとの間にも背後に婚姻形式の相違があるとみていいだろう。ともあれ、われわれはまずツマヤなるものからしらべてかからねばならぬ。

ツマヤ

柿本人麻呂が愛妻を亡くした悲しみを詠んだ長歌の一節に

吾妹子《わぎもこ》と　二人わが寝し　枕づく　嬬屋《つまや》の内に　昼はも　うらさびくらし　夜はも　息づき明し……

（『万葉集』巻二・二一〇）

とある通り、ツマヤとは、「吾妹子と二人」で寝るための、文字通りスイート・ホームのことであり、「枕づく」とは、枕がついて並んでいる状態であろうが、それがツマヤの枕詞であることも、ツマヤの構造・機能を端的に裏づけるものといえる。してみると、さきに引用した神武紀に、天皇がスセリヒメと寝たという「葦原のしけしき小屋」も、じつはツマヤの範疇にはいるものであったといえよう。

ところで、このようなツマヤが出現するためには、夫とその妻という一対の男女が婚姻関係を結ぶこと、つまり対偶婚なる婚姻形式が成立していなくてはならない。では、対偶婚にいたる以前の婚姻とはどのようなものであったか、そして対偶婚が成立しツマヤが営まれるのはおよそいつ頃のことであろうか。この問いに答えるために、とりあえず原始〜古代における婚姻形式の移りゆきを素描してかかることにする。

イモ・セの契《ちぎり》とは、いうまでもなく夫婦の契の意味であるが、古代においては、イモ（女・妹）が女性一般であり姉妹であると同時に女の愛人・妻をさす言葉、そしてセ（男・兄・背）が男性であり兄弟であると同時に男の愛人・夫をさす言葉であったことは、日本の婚姻史上に重要な意味をもっている。つまり太古の生活集団（共同体＝むれ）を形作る男女の成員は、同時に愛人であり夫婦であるという、もっとも原始的な族内婚の段階が日本民族にもあったことを暗示している。

族内婚の段階では、したがって母と子も、兄弟と姉妹も、互いに婚姻関係をもつ共婚者でありえたが、『延喜式《えんぎしき》』にある大祓の祝詞《のりと》には「おのが母犯せる罪、おのが子犯せる罪」として母子婚《おやこたわけ》を禁忌する言葉があり、『日本書紀』にある軽皇子《かるのみこ》と軽郎女《かるのいらつめ》の悲恋（『日本書紀』巻十三、允恭天皇条）には、同母兄妹の通婚を禁忌する思想が反映している。これらの史料は、逆説的には、そうした母子婚・兄妹婚が太古には広く行なわれていた事実をものがたるが、同時に、古代のある時期に、そうした近親婚が禁止されてきたプロセスをも語っている。

近親婚が禁止されることとは、同時に族内婚から族外婚への移行を暗示するものであるが、高群逸枝氏によると、それは縄文時代の中期頃であるという（高群逸枝『日本婚姻史』第一章）。この頃になると、集落が環状もしくは馬蹄形に配置され、中央部に広場が設けられ、そこに祭壇らしい設備と、豊穣多産のシンボルとみられる母性土偶や、男性の性器を象徴する石棒が発見されることがある。高群女史はこの広場を族外婚の初期の段階における共婚行事の施設、つまり古語にいうクナド（クナギどころ＝男女交会の場）であろうと推定する。

『風土記』（『常陸国風土記』筑波郡条・香島郡条。『肥前国風土記』逸文）や『万葉集』（巻九・一七五九）には、定められた一定の日時に、近在諸々の村々から男女が集まり、神事にことよせて、おおっぴらに性の交歓を行なうカガイ（嬥歌）もしくはウタガキ（歌垣）の行事があったことを伝えている。それらの史料は八世紀の習俗を伝えるもので、しかも当時はすでに極地的な遺習もしくは儀礼的な習俗とみられていたことを同時にものがたっているが、歌垣山なる地名が全国各地に散在していることから推察しても、クナドにおける共婚行事（クナド婚）の発展した公開的な神前の共婚行事（カガイ婚）が、上古のある時期に広く行なわれていたことがわかる。

雑婚とか群婚もしくは集団婚とよばれる原始的な婚制にも、上記のような発展段階があったようだが、ひとびとはやがて婚所を野外から屋内に移すようになる。さきに指摘したネヤ（寝屋）の発生である。ついで一族中の娘が成人すると屋敷の一角に小屋を建てて住まわせ、妻問いに通う男性を受け入れるようになる。これが妻屋（孀屋）のはじまりである。この段階では、女（イモ）のもとに訪れる男（セ）は複数であり、したがって親子の関係は母子に限られる。したがっていまだ完全なる母系社会であった。ところが自我意識の目ざめと、社会における身分段階の発展は、まず支配階級の一部に父系的な血のつながりを尊重する気風を生ぜしめる。こうして女のもとに通いうる男性がしだいに限定されて、ついには対偶婚が生まれるようになる。

八雲《やくも》立《た》つ　出雲八重垣《いづもやえがき》　妻籠《つまご》みに　八重垣作る　その八重垣を

これはスサノオノミコトが、かのヤマタノオロチを退治し、約束によってクシナダヒメを娶り、須賀の宮なる婚舎を作ったときの歌とされている。したがって、出雲八重垣というのは、ヤマタノオロチに象徴されるような不特定多数の男性から妻をまもる有形無形の垣の意義でもあろうが、それは何よりも父系の系譜を乱されないための防御手段であったわけだ。こうした妻屋の発生は父系系譜を尊重する階級社会の発生とほぼ機を一にするわけだから、日本ではまず古墳時代の初期ないし中期の段階と考えていいのではないだろうか。

以上のように対偶婚のはじめには、一婦多夫的な母系型から一夫多妻的な父系型への発展という大きなできごとを内包するが、一般にはこれらをひっくるめて、通い婚・訪婚《ほうこん》・妻問婚《つまどいこん》・呼合婚《よばい》などの名称でよん

図６　家形ハニワ　大屋小屋式複合住宅

でいる。だが、さきにあげたスサノオノミコトの例のように、男性が妻屋を作るのは明らかに父系型であり、この段階をここでは妻問い婚の名称でよぶことにしたい（ついでながら私は母系型の場合を呼合婚として区別する必要を感じているが、今回は深くふれないでおく）。以下、妻屋にまつわる就寝風俗は、ここにいう妻問い婚の風俗でもある。

妻問いの風俗

妻屋の構造

古墳時代にはいってあらわれる妻屋の実体を家型ハニワに見ることは可能であろうか。高群逸枝氏は、複合住宅式の構造をもつ家型ハニワを大屋小屋式の住居と名づけ、そのうちの小屋に妻屋の面影をもとめようとされているが、私も同じ意見である（図６）。

このような大屋小屋式の複合建築は高句麗にもあったようで、『三国志』には高句麗の婚姻の風習について

女家は小屋を大屋の後に作る。名づけて婿屋となす。婿は暮に女家に至り戸外にて自ら名のり、跪拝して女に就て宿を得んと乞う……。（『三国志』魏書巻三〇、東夷伝、高句麗の条）

と記している。妻屋ではなく婿屋と名づけている違いはあったが、女の家敷内に小屋を作って婿を迎える風習は日本と同じである。

東屋《あづまや》の　真屋《まや》のあまりの　その　雨そそぎ　我立ち濡れぬ　殿戸《とのど》開かせ
かすがひも　とざしもあらばこそ　その殿戸　我ささめ　おし開いてきませ　我やひと妻（『催馬楽』）

これは日本の場合だが、東屋や真屋からしたたり落ちる雨だれで婿殿が濡れている風情は、やはり挿図のような複合式建築に由来するものであろう。

さて、妻屋というのは妻が夕方になって訪れてくる夫を迎え入れ、夜を共にすることを第一義とした独立の婚舎ともいうべきものであるが、その内部はいかがであろうか。

我家は　帷《とばり》・帳《ちょう》も　垂れたるを　大君《おおぎみ》来ませ　婿にせむ　御肴《みさかな》に　何よけむ……（『催馬楽』）

この歌は、娘を持つ家の親が婿を迎える用意のととのったありさまをいささかたわむれに歌ったものだ。
やや時代は下るかもしれないが、屋内に帷や帳なるカーテンの類をしつらえてあるという点が注目される。

八千矛の　神の命や
吾が大国主
汝こそは　男にいませば
うち廻《み》る　島の崎々
かき廻る　磯の崎おちず
若草の　妻もたせらめ
吾はもよ　女《め》にしあれば
汝を置きて　男《を》は無し
汝を置きて　夫《つま》はなし

わが大国主さま
あなたは男ですから
巡り歩く島の崎々、
廻り歩く浜の磯ごとに、
若い妻を婚《つまど》いになること
でしょう。しかし、私は、女、
ですから、あなたの外に男は、
なく、あなたの外に夫は
ありません。

文垣《あやがき》の　ふはやが下に
むし衾《ふすま》　柔《にこ》やが下に
たく衾　さやぐが下に
あわ雪の　若やる胸を
たく綱の　白き腕《ただむき》
素手《そだ》抱き　ただき抜《まな》かり
真玉手《またまで》　玉手さし枕《ま》き
股長《ももなが》に　寝をしなせ
豊御酒《とよみき》　献《たてまつ》らせ……

彩った帷帳の和やかな光の
下で、ムシブスマの柔かな
感触につつまれ、タクブスマ
のさやさやと鳴る夜具の下で、
沫雪のような若やる胸を、
タクの綱のような白い腕を、
素手でお抱きしめになり、
その気高い手でお枕きになり、
股長に婚合をして下さい。
さあ、この御酒を召し上がれ……

（『古事記』上巻）

この歌はさきにフスマの用例としても引用しておいたが古代の妻問いの風俗をあらわす好例としても知られている。通婚圏の広いさま、一夫多妻的な対偶婚のモラル、そして、妻屋の内部の道具立て、と、あからさまな交会《くなかい》情景。しかし屋内の調度類はまだばくぜんとしたままである。

だが、当時の日本人が多く木製の寝床《ベッド》を用い、敷きブトンにあたるタタミ、掛けブトンにあたるフスマを用いていたことはさきにのべた。また、枕は常に二つ並べておくのも妻屋における習慣であった。枕元には櫛笥《くしげ》と鏡を配置したこともすでにわれわれは知っている。これでおよその屋内描写は可能なようであるが、最後に、そこで寝る夫婦の風俗をしらべておくことにする。

袖と紐の情緒

白栲《しろたえ》の　袖《そで》さし交《か》へて　靡《なび》き寝《ぬ》る　わが黒髪の　ま白髪に　成りなむ極み　新世に　共にあらむと　玉の緒の　絶えじい妹と　結びてし　言は果さず　思へりし　心は遂げず　白拷の　手本《たもと》を別れ　柔びにし　家ゆも出でて　緑児の　泣くをも置きて　朝霧の　おぼになりつつ　山城の　相楽山《さがらかやま》の　山の際《ま》に　往き過ぎぬれば　言はむすべ　せむすべ知らに　吾妹子と　さ宿《ね》し妻屋に　朝には　出で立ちしのび　夕には　入りゐ嘆かひ……（『万葉集』巻三・四八一）

天《あま》の河夜船を漕ぎて明けぬとも逢はむと思《も》へや袖交へずあらむ（『万葉集』巻十・二〇二〇）

あらたまの年はきはれど敷栲《しきたえ》の袖交へし子を忘れて思へや（『万葉集』巻十一・二四一〇）

以上の歌によって「袖交《そでか》ふ」という言葉が男女の交会を意味していることはおわかりねがえるであろう。ところで袖《そで》とは衣手《そで》であり衣手《ころもで》である。衣《そ》は裳《も》なる脚衣に対し上衣一般をさすことばであったが、上古の衣《そ》、つまり上衣には「布肩衣《ぬのかたぎぬ》」とか「木綿肩衣《ゆふかたぎぬ》」のごとく袖のない肩衣もあったから、袖つきの上衣のことを特に「袖着衣《そでつけころも》」とも称していた。肩衣、袖着衣の双方とも正倉院には現物が残っているが、袖着衣の袖はすべて筒袖である。

さて、上にあげた歌謡は『万葉集』にある「袖交ふ」という表現のほんの一例にすぎない。つまり、万葉にみるかぎり、男女の交会には、必ず袖着衣を用いるならわしがあったかに思われる。そのように解釈してみると、

白榜の袖をはつはつ見しからに斯かる恋をもわれはするかも（『万葉集』・巻十一・二四一一）

のように、袖をはつはつ（ちらり）とみたことが恋につながるという理由も了解される。

だが「袖交ふ」が男女の交会を意味し、袖をみるということが、特に異性を意識させるということを説明するためには、以上の解説ではいまだ不充分であろう。それを説くためには「袖交ふ」という言葉の実態をもう少し説明しなければならない。ただ、万葉の時代にはそれはもうわかりきった事柄であったから、それをわざわざ書きのこしたものはない。そこで私はつぎの歌（以下、いずれも『万葉集』）からそれを解きほぐしてかかろうと思う。

妹が袖わかれし日より白榜の衣片敷《ころもかたし》き恋ひつつぞ寝る（巻十一・二六〇八）

わが恋ふる妹は逢はさず玉の浦に衣片敷き一人かも寝む（巻六・六一九二）

ここに「衣片敷く」とあるのは、古くからもいわれているように、「衣の片袖を下に敷く」（佐々木信綱『万葉辞典』一六五頁他）という意味であろう。つまり、昼間身につけていた上衣を脱いで、一方の袖を自分のからだの下に敷き、もう一方の側をくるりと上にかけて横臥するという状態が想像される。

右の歌はみな、ひとり寝のさびしさゆえに、想い乱れる恋ごころを歌っているわけだが、それは同時に男女が共寝する場合には「片敷く」ではなかったことを示している。つまり二人とも上衣をぬいで、双方の袖と袖とを片方ずつ敷き合わせて寝たわけだ。これがさきにのべた「袖交ふ」の実態であった。だから、

朝去きて夕べは来ます君ゆえにゆゆしくも吾は嘆きつるかも（巻十二・二八九三）

とあるように、朝になると夫は自分の家（男は自分の兄弟姉妹、自分の母とその兄弟と生活を共にし、その家から妻屋に通ってくる。つまり別居婚である）に帰っていく。これが「袖の別れ」または「衣手の別れ」と表

現されたのである。

白榜の袖の別れは惜しけども思ひ乱れてゆるしつるかも　（巻十二・三一八二）

衣手の別く今夜《こよい》より妹《わ》もわれもいたく恋ひむな逢ふよしを無み　（巻四・五〇七）

このように「袖の別れ」という言葉も、袖を振って別れるという意味ではなく、平安以降のいわゆる「きぬぎぬの別れ」と同様、袖を交わす状態からの別離という情感に満ちた表現であったことが了解されるであろう。

袖というものが男女の交会に欠かせない小道具であったところから、「袖反《そでかえ》し」というマジックも信じられた。

吾妹子に恋ひてすべなみ白拷の袖反ししは夢に見えきや

わが背子が袖反す夜の夢ならしまことも君に逢へりし如し　（巻十一・二八一二〜三）

これらはおそらく贈答の歌謡であろう。まず男の方から、貴女が恋しくて仕方がないので、袖を反して寝たのですが、その私の姿を夢にみてくださったでしょうか？　と問いかけているのに対し、きっとそのせいだったのでしょう。まるで真実あなたにお逢いしたようでしたと答えている。

袖反しとはいったいどのような仕草なのか、多分自分の片袖を折り返して寝ることと想像するが、そうすることによって、自分が思いをこめている相手が、自分自身と袖を交し合う夢をみてくれる。原始社会における模倣呪術の残存、そして夢というものを魂と魂のふれあいと信ずる心情、それらがこの袖反しというマジックを支えるものであろうが、同時にここにも妻問い婚の時代における男女の交会には袖着衣を用いるマナーのあったことが裏書きされている。

袖を交わすという表現と並んで万葉によく使われることばに「紐解く」という言葉がある。

高麗《こま》錦《にしき》紐《ひも》解《と》き交《かは》し天人の妻問《つまど》ふ夕《よひ》ぞわれもしのばむ（巻十・二〇九〇）

天の河相向き立ちてわが恋ひし君来ますなり紐解き設《ま》けな（巻八・一五一八）

これらの歌だけでは紐というものに特別な意味があるようにはみえないが、つぎの歌になるとそれが単なる実用的なものではなくて、精神的、神秘的な働きをもつ一種の呪的な装身具であったことがわかる。

二人して結びし紐を一人してわれは解き見じ直《ただ》に逢ふまでは（巻十二・二九一九）

吾妹子し吾を偲《しの》ふらし草枕旅のまろ寝に下紐とけぬ（巻十二・三一四五）

これらの歌では、紐は神性を帯びた貞操帯のような働きをもつものであり、したがってみだりに解いてはならぬ、しかもまた相手の心を反映して自然に解けることもあると考えられていたことがわかる。ヒモという言葉はもともとヒモオ（＝秘緒）であり、ヒモロギ（秘められた場所）、ヒモカガミ（秘鏡）・ヒモカタナ（秘小刀）などの類語からも察せられるヒモつまり神秘なると、オ（緒）を結合させたものである。それがどのような形状のものか、全く想像のほかはないが、いずれにせよ、対偶婚なる婚姻形式の成立に伴って貞操の観念が生まれ、それを象徴する装身具として男女双互に身にまとうものであったことは注目に値する。

同床共殿の意味

この章では、上古・上代の寝室と寝具を多角的に考察してきた。その間に、たとえば記紀神話の天孫降臨の条に用いられる「真床覆衾《まどこおうふすま》」という言葉の中に、床《とこ》と衾《ふすま》という寝具の名称があるように、寝具が日常生活のわくを越えた意外な機能をになっていたことについて言及するところもあった。この「真床覆衾」と同様な意味で、最後にひとこと、補足的な説明を加えておきたい語句に「同床共殿」というのがある。

この言葉もまた天孫降臨のくだりに見えるもので、『日本書紀』の一書に

この時に、天照大神、み手に宝鏡《みかがみ》を持ちて、アメノオシホミミノ尊に授けて祝《ほ》ぎたまひしく、「吾が児《みこ》、この宝鏡をみまさむこと、吾をみるがごとしませ。與《とも》に床《とこ》を同《とも》にし、殿《みあらか》を共《ひとつ》にして、斎《いはい》の鏡としたまへ（可三與同レ床共レ殿、以為二斎鏡一）」とのりたまひき。

とあるのがそれだが、この「同床共殿」の語句をすでに尋ねきたった知識で素直に解釈するとどうなるであろうか。

床は寝台《ベッド》であり、殿は高床式の建物、つまりこの場合は宮殿と呼んでおいてよいものである。とすると、「與に床を同にし殿を共にして」とは同じ宮殿の下に寝床を共にしてという意味にほかならない。つまり天照大神は「この宝鏡を自分であると思って、同じ屋根の下、同じ寝台に寝て斎《いつ》き祭ってほしい」と命じていることになる。

そもそもここに宝鏡《みかがみ》とあるものは、書紀の一書によると、天照大神が岩戸隠れをした際に、オモヒカネノミコトが案出して作らせた「神の象《みかた》」であるという。また『古事記』にあっては天照大神がニニギノミコトに鏡を授けて「此の鏡は、もはらわがみ魂《たま》として、わが前に拝《いつ》くがごとくいつきまつれ」と告げたとある。つまり、それは女神の姿を映した神の象であると同時に、女神の御魂でもあったわけだ。すると天孫降臨ののちは、皇孫にあたる代々の天皇が女神の御魂である宝鏡と同床共殿の祭儀を行なったということは、単に

皇室の祖神を身近に斎き祭ったということではなく、もっと具体的な神人一体の状態を演出したことを意味しているのではないだろうか。

天皇と宝鏡との同床共殿の習慣は、書紀によると崇神天皇の代になって破られたことになっている。すなわち崇神紀六年の条に

これより先、天照大神とヤマトの大国玉、二柱の神を、並びに天皇の大殿《みあらか》の内に祭《いはひ》まつりき、然れどもその神の勢《いきおい》に畏りて、共に住みたまふに安からざりしかば、故《か》れ、天照大神を、トヨスキイリヒメに託《つ》けて、ヤマトの笠縫《かさぬひ》の邑《むら》に祭り、よりて磯《し》聖城《き》のひもろぎを立てたまひき。……

とあるのがそれである。「神の勢に畏りて、共に住みたまふに安からず」とは具体的にどういうことかについては意見の分かれるところであろうが、崇神天皇の時になると、天皇がオホカミと常に同床共殿の生活を送ることをやめ、カミには女性の司祭者を配し、天皇の宮殿とは別の場所にヒモロギつまり秘《ヒ》ら城《キ》（祭壇）が作られることになる。

カミとの同床共殿をやめた天皇は、中国風の諡号（おくりな）を崇神天皇というが、和風の諡名をハックニシラス・スメラミコト、つまりはじめて国を統治した天皇ともよばれている。この和風の諡号が第一代の神武天皇と同じであることから、日本史上に実在した第一代の天皇は実は崇神天皇ではないかという推測が古くからなされてきた。今この大問題にとりくむことは目的ではないが、記紀の叙述がこの天皇の頃を境にしてにわかに現実味を帯びてくることは事実である。そしてこの天皇の在位年代は西暦三世紀の終末ないしは四世紀の初頭、そしてこの天皇の宮、師《し》木《き》の水垣宮は、奈良県の三輪山に近い大和の磯《し》城《き》の地方にあったとみるのが古代史家の一般的な見解である。

一方、考古学の成果によってわれわれはつぎのような古墳の歴史を知っている。すなわち、西暦四世紀のはじめの頃、大和を中心として高塚式の古墳が出現し（前期古墳の時代）、五世紀代にその規模が最も大きくなり（中期古墳の時代）、六世紀にはいると封土は縮小し石室の構造が横穴式に変化する（後期古墳の時代）という古墳の推移である。してみると崇神天皇の在世期間は古墳の出現期に近接しており、しかも、その宮があった磯城の地は前期古墳の中心地のひとつでもある。したがって現在崇神天皇陵と称されている古墳が史上の崇神天皇の陵か否かは別としても、崇神天皇として記される初期の天皇と、初期古墳との間には近親的な関係があるとみることは許されるであろう。

こうしたまわりくどい叙述をこころみたのは、じつは次のことを言いたかったからである。その第一は、三世紀の中頃の人物として、中国の『三国志（魏志倭人伝）』に記されていた倭国の女王ヒミコは、「鬼道を事とし、能く衆を惑わした」という。これは古琉球の聞《きこ》え大君《おほきみ》あるいは琉球に今も伝わるノロという巫女などと類似したシャーマン的な女王が三世紀の日本に実在したことを物語っている。シャーマンは神の妻であり神の愚坐（よりまし）でもあったから、こうしたシャーマン的君主が神と同床共殿の日常を送ることはむしろ当然とみていいのではないかということ。

その第二は崇神朝にいたって天皇が神と共住不安なるをもって、天皇の大殿と神のヒモロギを別にし、大神を皇女のトヨスキイリヒメにつけ祭らしめたというのは、執政者である天皇が為政の主体となり、もとは女王の職務であった司祭権をその肉親の女性（この場合は皇女）に分担させたことを物語っている。こうした祭・政の分離はその後さらに明確になっていくが、しかし日本の天皇は神と「同床共殿」の方法によって現人神《あらひとがみ》としての資格を付与されるという発想は、その後も長く存続し・天皇の即位式につづく大嘗祭の儀礼として形式的に受けつがれてきた。さきにも述べたことだが、天皇が即位をする践祚《せんそ》大嘗祭式に際しては、儀礼のために悠紀《ゆき》・主基《すき》の殿舎が造営される。そのそれぞれの建物の中央には簀子《すのこ》や席《むしろ》、八重畳による床《とこ》がしつらえられ、さらに真床覆衾なる夜衣《よぎ》で覆い、坂《さか》枕とよばれる枕が添えられている、ということは正にそこにおいて神と天皇とが同床共殿のいとなみをなし、そうした状態にはいることによって天皇に神霊が宿ることを期待する舞台装置にほかならなかったのである。

天皇の高御座《たかみくら》と寝具の関係

崇神天皇がカミと床を共にすることをやめるまで、日本の統治者は神のミタマと同床共殿なるを常とした。そして崇神天皇以後においても、天皇の即位式には最高神との同床共殿の作法がつづけられてきたことをさきに考察した。ところで、七世紀にいたって中国式の本格的な宮殿（たとえば天武天皇による飛鳥浄御原《きよみがはら》宮）がいとなまれる以前の天皇は、一代ごとに皇居を移したことはよくしられているが、これは、当時の婚姻の形式、つまり妻問婚の風習に根ざすものであった。つまり妻問婚のもとでは、生まれた子供は母親のもとで（ということは母親の所属する一族の手で）養育される関係から、新しい支配者は、自分の育った母方の里に宮居を定め、そこを新都としたからである。ところで、こうした時代の天皇はいったい、どのような殿舎で、そしてどのようなやり方で政治《まつりごと》を行なっていたのであろうか。

わが推古朝の風俗をつたえる『隋書』の倭国伝には、隋の高祖文帝の開皇二十年（西暦六〇〇年）にわが国の使者が文帝に謁見した際、文帝の質問に答えて倭王は天《あめ》をもって兄となし、日をもって弟となす。天未だ明けざる時、出でて政《まつりごと》を聴き、跏趺《かふ》（あぐら）して坐し、日出ずれば便ち理務を停め、云う、我が弟に委ねん。

と説明したことを記録している。

この倭王の言葉には、ふた通りの解釈がこころみられている。

(1)は、倭王は天という兄王と、日という弟王の二人からなり、天は未明にマツリゴトを行ない、日出ずるにおよんで日なる弟王にあとの政務を委ねるのである。

(2)は、倭王は、天を自分の兄とし、日を自分の弟と称している。そして、未明にマツリゴトを行なって、夜が明けるとあとは弟なる日にゆだねるとしてその理務を停めるのである。

(1)によれば、二頭政治が行なわれたことになるし、(2)によれば単独政治であったことになる。これは上古の政治史上の問題点であるが、いずれの解釈をとるにせよ、倭王のマツリゴトが未明に行なわれるという点では一致している点を注目するにとどめておこう。一国の政治が未明になされる。というとじつは突飛なことのようであるが、この場合はマツリゴトというよりもむしろマツリ（祭）であったと解される。マツリ、つまり神に仕えマツル祭式は夜行なわれるのが常である（現在でも神社の重要な祭式は深夜に行なわれている）。未明に行なわれるマツリにもとづいてとり行なわれる昼間の政務のことをマツリゴト、と解しておけばなお一層すっきりとするであろう。――そして天皇は、『隋書』に「跏趺《あぐら》して坐し」とあるごとく、真床《まどこ》覆衾《おうふすま》の上にアグラしてマツリゴトをとり行なったのではあるまいか。ローマにおける謁見寝台の場合とはやや条件を異にするとしても、天皇の床（寝台《ベッド》）がもともと神聖にして神秘なカミと王の同床の場であったことを想起すれば、そして、上古のマツリゴトが、何をおいても農耕社会における豊穣多産への願望を第一とする祭事であったことを考え合わせれば、これまた決して突飛なことがらではないはずである。
九世紀に薬師寺の僧景戒《きょうかい》の手によって集録された『日本霊異記』の開巻筆頭の第一話は

天皇（雄略天皇）、磐余《いはれ》の宮に住み給ひし時に、天皇、后《きさき》と大安殿《おおやすみどの》に寝て婚合《くなかひ》し給へる時、栖軽《すがる》（人名＝天皇のお気に入りの侍者であった）知らずして参入《まひ》りき……

という、これまた突飛なできごとが発端になっている。ところで、この話にある大安殿とは、宮中の正殿、つまり大極殿に当たる建物と解されている。その建物で、雄略天皇が御后《おきさき》と（それもこの話では白昼のことらしい）婚合をされていたということは、古代史の予備知識なしには理解し難いできごとに相違ない。

やや時代は下るが、このような話も紹介しておこう。『古事談』の王道后宮篇に、花山天皇の即位式の際の出来事として

花山院御即位の日、右馬《うま》の内侍《ないし》、褰帳《けんちょう》の命婦《きょうぶ》（高御座の几帳《きちょう》をかかげる女官）となる。進奏の間に、天皇、高御座《たかみくら》の内に引き入れしめ給ひ、たちまちもって配偶《まぐは》ひたまう。

とある。天皇一代の儀式中でももっとも大事な即位式の進行中に、天皇が身近に仕える女官を高御座の中に引き入れ、配偶《まぐわい》におよばれたというのであるからおだやかでない。だが、そもそもこの高御座というものは、大極殿の正面中央に設置された天皇の御座ではあるが、囲りを几帳でとり囲んだ密室であり、内部に置かれてある中国風の椅子《いし》を取り去ってしまえば、上古の天皇がアグラした真床《まどこ》とさしたる差異のないものである。

以上のエピソードは、単なる興味本位の話題としてのべたものでないことはもちろんだが、しかし単独ではその背景をつかむことはむつかしい。さらにひとつ、つぎの史料を追加して話をつなぎ合わせておき

たい。

『日本書紀』巻第九に伝える神功皇后摂政元年の条に、武内宿弥が忍熊皇子《おしくまのみこ》を撃った時の出来事として

時に武内宿弥……（中略）……忍熊の王を誘《おこつ》りて曰く、「吾は天下を貪《むさぼ》らず、ただ幼き王《みこ》を懐きて、君王《きみ》（忍熊皇子のこと）に従ふらくのみ、豈距《あにほせ》ぎ戦ふことあらむや、願くは共に弦《ゆづる》を絶ちて兵《つはもの》を捨て、與《とも》に連和《うるは》しからむ。然して則《すなは》ち君主《きみ》は天業《たかみくら》に登りて、席《むしろ》を安くし、枕を高くして専ら万機《まつりごと》を制《し》まさむ」

と曰く。

と記している。ここに「君主はタカミクラに登りて、席を安くし、枕を高くして専らマツリゴトをしらせよ」とある表現を、単なる修辞上の言葉のアヤと見逃してしまってはならないと思う。最初に引用した『隋書』の記事とこの引用文とを重ね合わせると、ここには上古における倭王のマツリゴトのありさまが浮び上がってくる。倭王が「天未だ明けざるの時、アグラして坐し」たのは、いうまでもなく高御座においてであり、その高御座とは、いってみれば雄略天皇が白昼の婚合《くなかい》をなし、花山天皇が女官を引き入れて配偶におよんだという挿話の舞台にもなり得る構造をもつものであった。

これらの一連の引用文は、いずれも単独では奇をてらった作り話と受けとられそうな内容をもっているが、上古における司祭的君主の職掌が万物の豊穣を第一義とするものであり、そのためのマツリであったことを考えると、これらの話の中に、じつは歴史の表面から覆いかくされてきた真実の姿を垣間見ることができるのではないだろうか。

第二章　平安・鎌倉時代の寝室と寝具

寝殿造の構造

平安朝以後の住宅を語るには、まず寝殿造の成立とその変形のプロセスをとりあげるのが常道であろう。したがってこの書物でも、まず、寝殿造の構造と、寝殿造における寝室、寝具のあり方を順次のべていくことにする。

まず寝殿という言葉だが、これは中国で王公貴族の邸宅における正殿の呼び名を模倣したものである。そうした意味では、これをもっぱら寝ることを目的に建てられた殿舎だから寝殿というとする俗説は正確とはいいがたい。このような議論は昔からあったようで、『家屋雑考』にも「寝殿の名は、皇朝の古称にあらず、西土に倣ひて一家の正殿をいふなり。（中略）故実家《こじつか》の説に、主殿は寝間なる意にて、寝殿ともいふなりとかけることあり、極めて疎漏なるに似たり。」などと記されている。

寝殿という主人用の正殿を中心にして、東の対《たい》・西の対・北の対などとよぶ家族用の住宅などを屋敷内に配し、それらの建物を渡殿《わたどの》などで連続したひとかたまりの建築群、これを普通に寝殿造りとよんでいるわけだが、そういうコンポジション自身はたしかに中国にあったものである。しかし、大屋《おおや》を中心にして妻屋《つまや》などの小屋《おや》を屋敷内に配置する大屋小屋式の建築群形式は古墳時代からわが国にもあったものだし、飛鳥・奈良時代にも寝殿造の前身とみられる複数建築の住宅様式のあったことがわかっている。しかも、住宅というものはもともと臥寝を主たる目的にして造られてきたものであるし、一族の長のための正殿は、第一章の第八節にみた

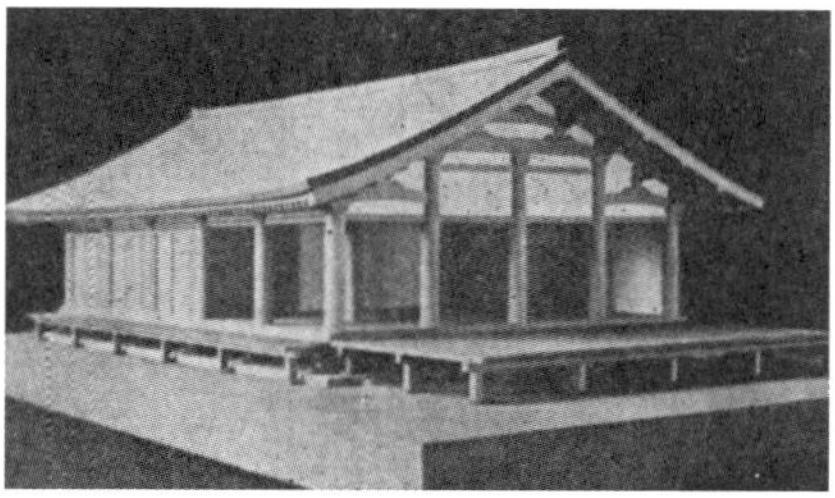
図７　橘夫人邸復元模型

ごとく「寝ること」に重点が置かれたわけだから、『家屋雑考』の主張もいささか勇み足のきらいがある。寝殿はやはり主人の寝る建物である。ただし、対《たい》にもそれぞれ家族達が寝るわけだから、寝殿造の建築群中、寝殿だけが寝るところ、他の建物は日常用務のための建物と考えるのは明らかにあやまりである。

さて、平安時代の寝殿についてのべる前に、その前身である奈良時代の住宅についてふれておきたい。その一つは、現在法隆寺東院にある伝法堂で、橘夫人（恐らくは聖武天皇の夫人橘古那加智）が寄進した八世紀初頭頃の邸宅である。現在は七間に四間、切妻造の細長い建物全体が、壁や板扉、連子窓《れんじまど》によってとり囲まれているが、解体修理による調査の結果、もとは図７・８のように奥の三間が密閉された寝室、その前二間が開放的な居室、そしてその前方にさらに二間分の広さをもった簀子《すのこ》敷の広縁という構造をもっていたことが明らかになった（浅野清『法隆寺建築綜観』第七講）。

今一つは、後に左大臣となった藤原豊成が天平一五年（七四三）に営んだ住宅である。この建物は五間に三間、切妻造の母屋《もや》（身屋・身舎ともかく）を壁や連子窓・板扉で囲い、さらに母屋の前後に一間幅に三間の長さの吹き放しの庇《ひさし》を付加したもので、これまた母屋は「寝所にふさわしく」、庇は「居住用として快い」（藤島玄治郎『日本の建築』第二章）構造になっている（図９）。

平安時代に先立つ、これら奈良時代の二つの住宅は、後者を寝殿の先行形式、前者を寝殿の左右に配置される対の先行形式とみてとることができる。そして、これが重要な点だが、いずれの建物も寝所が中心となり、これに居住部が付属的に張り出されていたということを注目しておきたい。

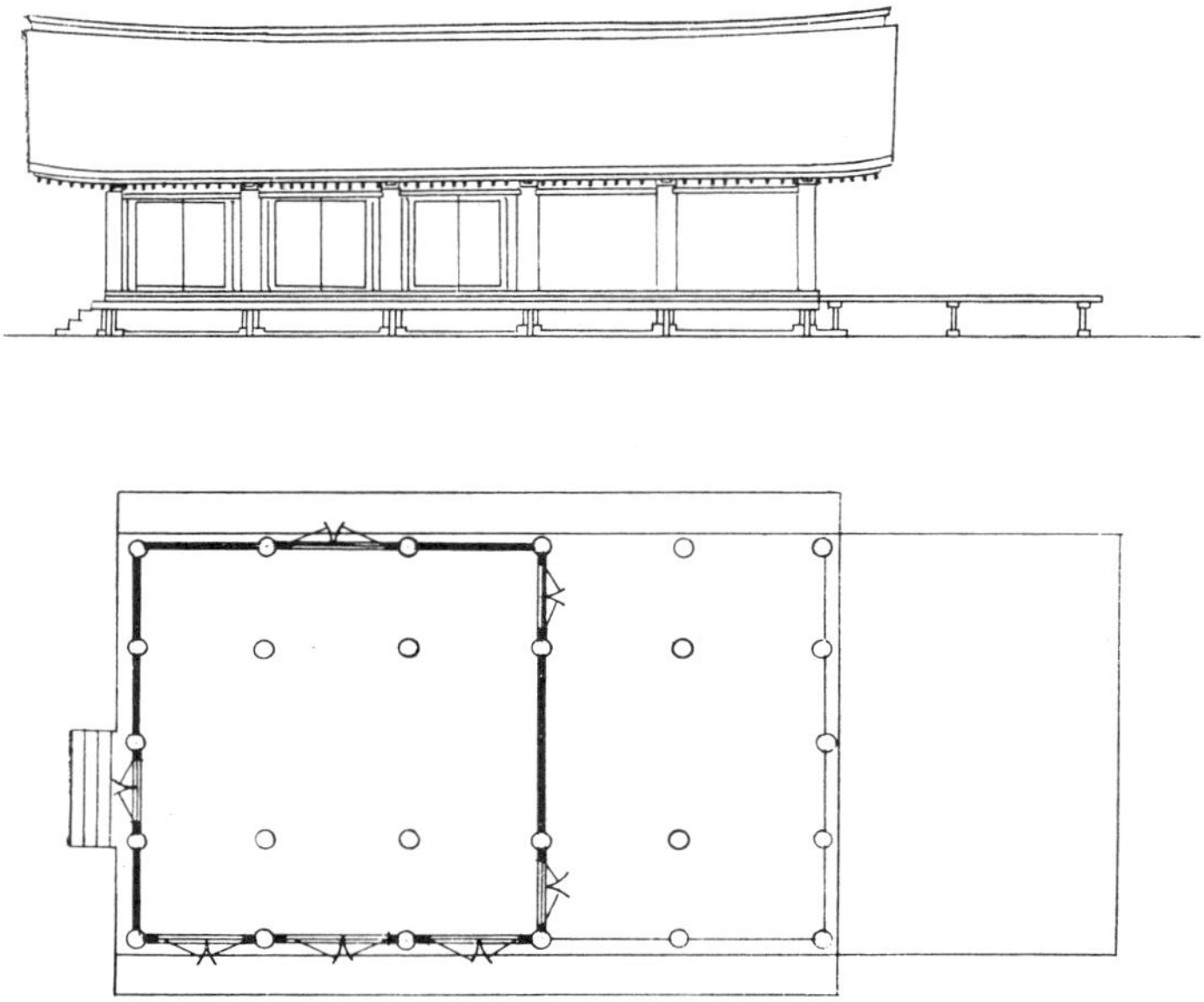

図８　橘夫人邸（法隆寺伝法堂の前身）復元図
浅野清氏の原図による

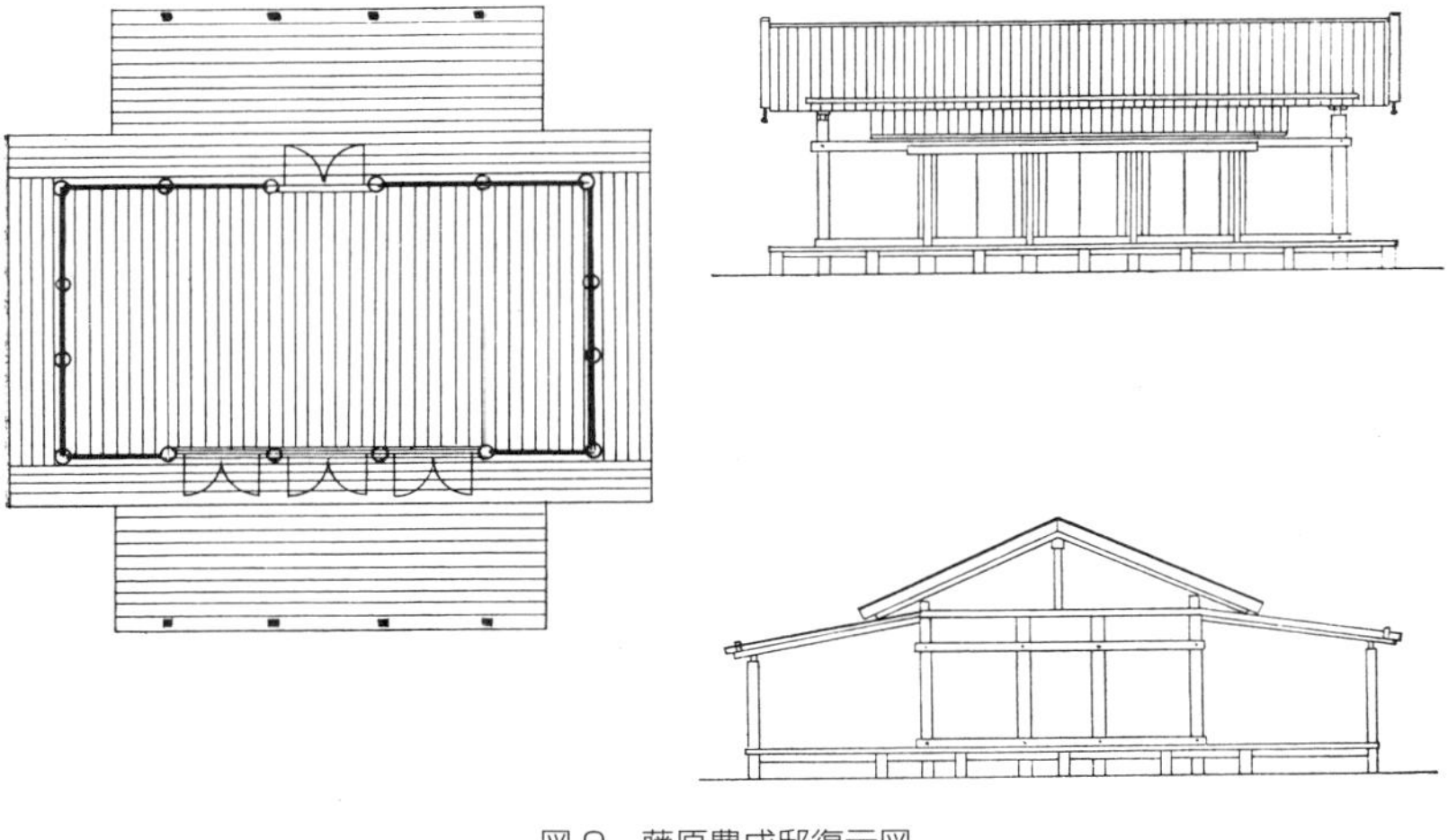

図９　藤原豊成邸復元図

さて、いよいよ平安朝に成立した寝殿であるが、それは普通、五間三間の母屋の囲りに一間の庇を四方にめぐらしたもの（庇を入れると七間五間の建築になる）を基本にしている。庇の外部にさらに庇をつぎたしたものを孫庇《まごびさし》、その外部には簀子《すのこ》の縁をつぎたすこともあるというように、母屋から庇を出しては建て増していくという方法で、生活の多様化につれて屋内の空間を拡大しているが、それを逆にたどるとさきにのべた奈良時代の住宅に帰一するわけだ。したがって母屋が寝殿造の中心である以上、寝所が、もっとありていにいえばネグラが、住居の中心という観念をもちつづけているものといえる。ただし平安朝の寝殿では、母屋全体が寝所ではない。そこに塗籠《ぬりごめ》とか御帳台《みちょうだい》というさらに極限された寝るための空間が設置されるのであるが、それについてはあとでのべることにする。

寝殿と同様のことは対屋《たいのや》についてもいえる。東・西の対についていうと、寝殿が棟を東西に通して南面しているのに対して、対屋は棟を南北に通して同じく南面する建物であるが、これまた母屋の四周に庇をめぐらすという寝殿と同じ方法で屋内空間を拡大していく。そして南に向く正面の一間《ひとま》を吹放《ふきはな》ちにして、その屋根は妻から広庇《ひろびさし》とよばれる葺下《ふきおろ》しの大きな庇をつけている。これはさきに記した法隆寺伝法堂の前身・橘夫人の住宅を一歩前進させた形式であることが連想されるもので、これまた母屋という寝所空間を中心に屋内をひろげてきたものであることがわかる。

寝殿造といわれる貴族の邸宅は、このような寝殿と対屋を主要建築として、さらに付属的ないくつかの建物を屋敷内に配置する建築群であるが、もうこの時代になると万葉にはさかんに名前の現われた妻屋はなくなっている。端的にのべると、寝殿造の対屋なるものに吸収されてしまったのだ。対屋は娘たちがそこで婿をとるところ、そして子供を生み育てるところ、つまり妻屋がかつてそうであった役割りをはたしているわけで、物語文学の類に男が女のもとに忍び通いをする場面があるが、その舞台は主として対屋であったと想像すればまず間違いはないであろう。

塗籠《ぬりこめ》の役割

寝殿や対屋《たいのや》が母屋《もや》と庇《ひさし》の部分からなっていることはさきにのべた。母屋は居宅の中心でありオモヤである。「庇を貸して母屋《おもや》をとられる」という諺はこうした建築構造からでたものだが、母屋と庇の比重は時代とともに移りかわって、生活の重心はしだいに庇にかかっていく。塗籠の問題もじつは、こうした寝殿の構造の変化と深いかかわりをもつ問題なのである。

さて、塗籠というのは、書いて字のごとく、壁で塗り籠められた部分のことで、もともと寝殿の母屋の一部に設置される密室をさしている。その塗籠は何の目的で設置されているかとみると、ある時には貴重品を収納する納戸《なんど》であったり、またある時は明らかに寝所として使用されていたりする。つまり納戸と寝室の二通りの用例があるわけだが、その用例にも歴史的な変遷があるらしい。ところがそれについてのべた書物をひもとくうちに、そこに全く反対の見解があることに気がついた。余計なことかもしれないが、簡単に書きぬいてみるとつぎのような具合である。

(一)、寝殿の室内には土壁の塗籠があり、筵、枕を置いて寝所とした。清涼殿の夜《よん》の御殿《おとど》がそれに当たるが、やがてそれは納戸に化して行った(藤島玄治郎『日本の建築』)。

(二)、寝間はもと解放的なものであったと思われる。……密室的な傾向は乏しかったが、十二世紀の末ごろ、世相が不安になるにつれて、寝間の周囲を土壁にし、入口を小さくしたいわゆる塗籠が見られるようになる（宮本常一『民衆生活様式の変遷』）

右の文章はいずれも抜き書きだから、多少の補足をしておきたい。㈠の方は、寝殿造の成立とともに塗籠があって、それはもともと寝室であったのだが、しだいに納戸に変化していった。それは夏の暑さをしのぐため開放的な帳台で寝るようになったからで、日本の風土性からきた必然的な歩みであるとみるのである。㈡の方は、日本人はもともと解放的な寝所で寝ていたのだが、十二世紀末になって世相が不安になってきたから、身を守るための必要から閉鎖的な塗籠で寝るようになったとみている。

さて、塗籠という言葉は、平安から鎌倉時代の文学類に散見するものだから、その用法を把握する手がかりはないわけではない。たとえば『竹取物語』にも、月の都の使者が、カグヤ姫を迎えに来るくだりに、姫をとられまいとしてひとびとが守りを固めるありさまを、

築地《ついじ》の上に千人、屋の上に千人、家の人々いと多かりけるに合はせて、空ける隙間もなく守らす。その守る人々も弓矢を帯して、母屋の内には女どもを番にをりて守らす。女、塗籠の内に、かぐや姫を抱へてをり、翁、塗籠の戸をさして戸口にをり……

とじつにものものしい警戒ぶりである。塗籠は家の中でも一番安全な場所であったことはこれにも示されているが、しかし非常事態の描写であるからそこが寝所かどうかはわからない。

『源氏物語』の舞台にも塗籠は時々姿をみせている。たとえば「賢木」の巻には、源氏の父君であった桐壷帝が亡くなられてから、桐壷帝の寵妃であった藤壷は源氏を何かと力頼みされるのだが、それだけに藤壷を慕う源氏は自分の心をおさえることができなくなって、ある日大胆にも藤壷の寝所にしのび込んでしま

う。その夜のありさまを、

源氏はいろいろと気持を訴えるが、藤壷の中宮は相手になさらず、はてはひどく胸を悩み出された。源氏はつらく、前後もまっ暗な想いで、夜が明けても帰らない。そのうちに、中宮が御病気ときいて大勢の人びとがやってきたので、女房は源氏を人目につかないようにと、塗籠に押しこめてお隠しする。兵部卿などがきて、祈禱の僧を召せなどとさわいでいるのを、源氏は塗籠の中で、たいへんわびしく聞かれたことであった。夕方になるとどうやら御悩も治まったようなので、集まってきた人びとも退散する。

藤壷は、まさか源氏が塗籠の中に隠れているとも知らず、おつきの人びともそんなことを申し上げて、またお気持をかき乱してはならないと遠慮してだまっている。

夜になって人も少なくなると、源氏は塗籠の戸が細めにあいていたのを、やおら押し開けて抜け出し、屛風のあいだから中に入られる。藤壷の美しい姿をみているうちに、君は心が乱れてきて、中宮が臥している御帳台の中にまぎれいると、御衣《みぞ》のすそを引き動かされた。薫物《たきもの》の香りで源氏の君と知ると、中宮はあさましく、おどろきはててうつぶしになってしまわれた。(現代語訳―筆者)

と、源氏がほとんど丸一日も塗籠の中に隠れていたさまを記しているが、主人公の藤壷は塗籠に隣接してしつらえられた御帳台《みちょうだい》に寝ているのであり、少なくともその場合、塗籠は寝所でなかったことは明白である。

『源氏物語』にはもう一個所、「夕霧《ゆふぎり》」の巻に「塗籠に御座《おまし》ひとつ敷かせたまひて、うちよりさして、大殿籠《おほとのこも》りにけり」と、あたかも寝所らしき表現がみえる。しかしこの場合も話の前後から考えると、落葉宮が夕霧の大将から逃避するために塗籠にこもったわけだから、平常の時に寝所に使っていたのではない。

『源氏物語』と同様、十一世紀の初頭に成立した『拾遺和歌集』にも、「貞盛がすみ待りける女に、国持が忍びてかよひけるほどに、貞盛が来ければ、塗籠にかくして、後の戸よりにがしける」と、まるで近頃の西洋小ばなしにあるような笑話が記されている。塗籠には多用な使い途があったとみえるが、ここでもふだんの寝室でなかったことが推察される。

十一世紀末に成立した『今昔物語』にも塗籠の語はいくつか見出せる（巻二十六ノ第五、巻二十七ノ第二など）。しかし、ここでも塗籠が寝室であったという決め手はみつからない。

塗籠が寝所に当てられていることを記す、もっとも古い史料は、宮本常一氏によると『平治物語』（巻下・義朝野間下向の事、付たり忠宗心替りの事）の中の、義朝が長田忠宗に討たれるくだりとされる。

玄光法師は金王丸と二人、面《おもて》もふらず切って廻り、数多の敵斬り伏せて、塗籠の口まで責め入りけれども、美濃、尾張の習《ならひ》、用心きびしき故に、帳台の構《かまへ》したたかに拵《こさ》へければ、力なく長田父子をば討ち得ずして……

就寝中の不意の敵襲に備えて、塗籠が平常から寝室として使用されるようになった好例であると宮本氏はみておられるようだ。

だが、上に引用した文章は流布本にあるもので、これよりも古い金刀比羅宮本の本文をみると、同じ個所が

玄光走りいで、金王にいかにといへば、頭殿《かうのとの》うたれさせ給ひぬ、鎌田もうたれぬ、いかがせむ。といへば、いざさらば長田うたむ。とて、経居《つねい》のかたへ走りいりたれば、長田はいげてうせにけり。

と、まことにあっけない。ここでは経居、つまり常居《つねい》（居間）を探したが、すでに逃げ出していたという

だけで、塗籠の口までせめ入ったが……というような描写がない。したがって、『平治物語』の文章から、十二世紀の末には、すでに寝室としての塗籠があったと結論づけることはむつかしい。むしろ、保元、平治の乱ののち、平家や源氏が実権を握る武家の時代に移行したことが、塗籠に寝るという生活様式をつちかったとみた方がいいと思う。

塗籠に寝る風俗を物語る話は、鎌倉時代の中頃（一二五四）に成立した『古今著聞集』にある。

此頃《このごろ》、天王寺より、ある中間法師（下働きなどをする身分の低い法師）京へのぼりける道にて、山伏一人、又いもじする男（鋳物師）一人、行きつれて上《のぼ》りけり、おのおの三人歩みつれて行くに、今津辺にて日暮れてければ、三人一宿にとまりける。家のあるじは、遊女にてぞ侍りける。各々打ちやすみて寝《い》ぬれば、あるじも塗籠に入りてねにけり。人しづまる程に、この山伏起きゐて、髪をもとどりにとりけり。いもじ男は、ただよく寝入りぬ。法師はそら寝入りをして、この山伏がふるまひ見居たるほどに、髻《もとどり》とりはてて、寝入りたるいもじが烏帽子《えぼし》を取りて著てけり。さて遊女が寝たる塗籠のもとに至りて、やをら叩きければ、すなはち開けて「誰そ」と問へば、「我は宿人《やどりうど》にて侍り、これの（こちらの）御釜をみれば、片釜ばかりありて脇釜なし。定めて欲しく思はせ給はむ。かく候ふ者はいもじにて候ぞ、まゐらせんはいかに」といひければ、君（この家のあるじ）いとよき事と思ひて、すなはち内に入れてねにけり。……

悪知恵にたけた山伏が、鋳物師に化けてまんまと女主人の寝室に潜入したうえ、鋳物師の烏帽子を女主人の枕元に残し、自分は夜明け前に出発してしまう。のこされた鋳物師は寝室に残した烏帽子を証拠とつきつけられ、約束の履行をせまられるというのがこの話のてんまつである。話の舞台となった女あるじの家は、もとより平安朝の寝殿造とは比較にならないが、ふいの客人を三人泊めることができるところをみると、小さいながらも寝殿建築の流れをくむ住宅構造であったかと想像される。してみると客は母屋の一偶か庇の間にでも泊めてもらい、女主人だけが塗籠に寝たということで事情は一応了解できる。

以上に引用した文学作品の用例でみるかぎり、塗籠は平安朝には納戸であり、鎌倉時代にはいってから寝所に転用されてきたことになる。つまり、解放的な寝所から閉鎖的な塗籠へという発展を解く(二)の意見が裏付けられたといえるだろう。ところが、このように割りきってしまうとひとつ困った問題が派生してくる。それは、清涼殿の塗籠である夜御殿《よんのおとど》が、文字通り天子の夜の御殿、つまり御寝所であったということ。しかも平安朝の末に近い十二世紀の初頭になって、天皇は塗籠（夜御殿）ではなく母屋におかれた帳の方を寝所に使われるようになる。してみると、天皇の場合だけが、一般とは反対に塗籠から帳へと寝所を移された。つまり天皇だけは例外だと割り切っていいものかどうかという問題である。

少し論議の方が先に行ってしまったが、天皇の御寝所が、夜御殿から帳に移行したことは『長秋記』の長承二年（一一三三）九月一八日の条に

御剣必ず夜御殿御所にあり。主上必ず此所に寝す。而してこの二代、夜殿を捨ておき、他所に御寝。

と批判していることでも明かで、文中、この二代とあるのは、鳥羽（一一〇七〜一一二六）・崇徳（一一二六〜一一四二）だから、ちょうど院政期にはいった頃から天皇の寝所に変化が生じたことになる。

清涼殿は平安以来、中世を通じて天皇の御日常の御殿として造営されたものだから、一般貴族の寝殿と機能的にはほぼ同様のものであり、じじつ建物の構造も近似している。ただ、天皇の御寝所には、さきの『長秋記』にもあるように、天皇の奉戴される剣璽が安置されてある。これらの神宝と共にあることが、本来は

神との「同床共殿」が務めであった天皇の重要な任務であり特権であった。

私の考えを卒直にのべると、塗籠はもともと寝所であった。それは、あの藤原豊成の邸宅や、伝法堂の前身である橘夫人の邸宅の母屋にあたる。つまり、奈良朝の住宅では母屋自体が壁と板戸でとりかこまれた塗籠であった。当時はその壁の一部に連子窓《れんじまど》をつけて通風と採光を行なったが、その不便は平安朝になって開閉自在な蔀戸《しとみど》によって改善された。その結果、先行住宅では吹き放ちにされていた居住部が、蔀戸で囲われることになって効用を増した。そうすると、母屋にあった居住的要素はそこに吸収されて、その空間が拡大され、あとに残された寝所と（貴重品収納のための）納戸という役割だけの、塗籠は縮小されて、寝殿造の構造ができあがった。つまり奈良住宅では、軒下と塗籠しかなかったものが、平安住宅では蔀戸でとり囲まれた中間帯ができることによって、屋内生活の様式が一変したといってよい。蔀戸は、それを開けると内部は吹き放しの空間となり、閉めるとたちまち閉鎖的空間を作ることのできる、まことに便利な建具であった。この発見が日本人に新たな生活空間を提供し、生活様式の変化と多様化をもたらした功績は大きい。われわれの問題としている寝具・寝室そして就寝風俗もその例外ではなかったわけである。

議論が多様化してしまったけれども、以上のような奈良から平安朝にかけての屋内空間の変化、それに伴う生活様式の発展という大きな角度からとらえると、御殿建築（竪穴式の室《ムロ》建築に対し、高床式の住宅を広くこのように称しておく）の塗籠は、奈良から平安初期には寝室そのものであったが、平安中期（藤原時代）にいたって、つぎにのべる御帳《みちょう》がもっぱら寝所として使用されるようになると、塗籠は貴重品の収納庫としての機能だけをのこして、特殊な場合を除き、寝所としての役割を果たさなくなった。ところが鎌倉時代にはいると世情の不安を反映して再び寝所としての機能を発揮するようになる。とみていいようである。しかし天皇の御住居である清涼殿の場合とか、あるいは階級や地方差などによって、塗籠の機能は寝所と納戸の双方に複雑に重点を移しているから、塗籠をもって寝所か納戸か、いずれか一方をとるというような割り切った見方をすることはかえって本質を誤ることになると思う。

御帳《みちょう》と帳台《ちょうだい》

王朝時代の貴族達は塗籠ではなく、主として御帳で寝た。御帳とは、建物の内部にしつらえた貴人の寝所の称であるが、これには、板床《いたゆか》の上にいきなり土敷《つちしき》のタタミを二畳敷き、その上に御帳をしつらえる場合と、板床の上に帳台とか浜床《はまゆか》とよぶ高さ二尺（約六〇センチ）ばかりの木製の寝台を据《す》えその上に御帳をしつらえる場合との二様があった。身分・階級によって差があったわけだが、ふつうに御帳台というのは後者のことで、これは和風化した中国式のベッドといえる。

御帳の外形は「春日権現霊験記」（第二巻）にほぼ全景を描いた場面がある（図

図10　御帳台（春日権現霊験記より）

図11　帳台（類聚雑要抄より）

10）。鎌倉時代に描かれたものだが古様を伝えているからそれをみてもらえばよいわけだが、御帳の骨組みになる部分は、『類聚雑要抄』の挿図を参照していただきたい（図11）。

その上で次に引用する『雅亮《まさすけ》装束抄』に目を通してもらうと、だいたいが御了解願えると思う。

もやひさしのてうどたつる事

おなじきまのもや（母屋）に御帳あり、きさきの宮などのには、はまゆか（浜床）あり、たかさ二尺ばかり、よつにしてさしあはせてをく、黒ぬり、かなものをうちたり、そのうへにさしみてたるうげん（雲繝）二帖を北南にしく、みなみをまくらとするなり、このたたみをつちしきといふ、そのうへに四のすみずみにつちゐ（土居）をすゑて、はしらをたてまはして、かもゐをきてのち、ぬりこのあかりさうじ（障子）を、まごとにおほふ。……

はしらはうしとらのすみよりたつるなり、そののちかたびら（帷子）をかくべし、……

つぎにもかう（帽額）をひく、……

さてのちつねのき丁を三本とりよせて、この御帳のみなみ（南）ひんがし（東）にし（西）のくちに、はまゆかのうへにたて、そのき丁のいただきにたかさをあてて、三方のくちの五の、（幅）かたびらをあぐべし、……よつのすみのかたびらはたれたり、又うしろのなかの五のゝも、すみのやうにたれるなり、……きさきならぬには、はまゆかなし、そのつちしきのうへに、つちゐのうちのりに、なかにうげん一帖なかすみにしく、みなみまくら、そのうへにからあや（唐綾）のおもて、にしきのへりさしまはして、わたいれたるが、うちうらつけたるをしきて、とぢつけたり、これをうはむしろ（表延）といふなり、そのまくらの左右に八もじに、したんぢのてのこき丁をたつ、まくらき丁といふなり、かたびら

ふたへおりものなり、それにそへてぢん（沈）のまくら（枕）ふたつををくべし（下略）

御帳ならびに御帳台なるものの全体はほぼこれに尽くされているわけだが、念のため、御帳台の設営に関する要点を記録しておくと、

まず、高さ二尺ばかり、黒ぬりに飾り金具つきの帳台（＝浜床）を置き、その上一ぱいに雲繝縁《うんげんべり》の畳を二畳、南北に敷く。これを土敷《つちしき》とよぶが、南を枕とするさだめであった。つぎに土敷の四隅に土居《つちい》というL字型の台をおいて、その土居のひとつごとに三本ずつ柱を立て、上に鴨居《かもい》をのせ、天井を明障子《あかりしょうじ》でふさぐ。これで骨組みができあがる。御帳台の四面には、各面にそれぞれ三枚ずつ帷子《かたびら》（たれぬの）を垂らし、鴨居には横長の帽額《もこう》とよぶ幕をかけめぐらす、帷子は北面のみは全部垂らし、他の三面は中央の一枚を途中まで巻きあげておく。

さて、内部であるが、まず巻き上げた帷子の部分の目かくしとして三方の土敷の上に几帳《きちょう》を一つずつ据えておく。そして、土敷の上には、少し小型の雲繝縁の畳を中央に一ひら南枕に敷き、その上に、唐綾《からあや》の表に錦のへりをさしまわし、中にわたを入れて裏つけをした表延《うわむしろ》をとじつける。枕もとには、左右に八文字の形に枕几帳《まくらきちょう》とよぶ小几帳を二つ立て、沈《じん》の枕を二つ置く。

「春日権現霊験記」のほか「枕草子絵巻」や「紫式部日記絵巻」にも御帳台が描かれている。これらはみな鎌倉時代の絵画だが、もっと古いものでは「源氏物語絵巻」の柏木の巻の一場面に、浜床と土敷の部分が描かれている。これらの絵画のほか、京都御所の清涼殿には御帳台の実物がのこっている。建物と同じく江戸時代に作られたものではあるが、伝統的に古式をつたえる資料として重要であろう。

こうした日本の御帳台を「女史箴図巻《じょししんずがん》」に描かれる中国式の寝所と比較してみると、相違するところは歴

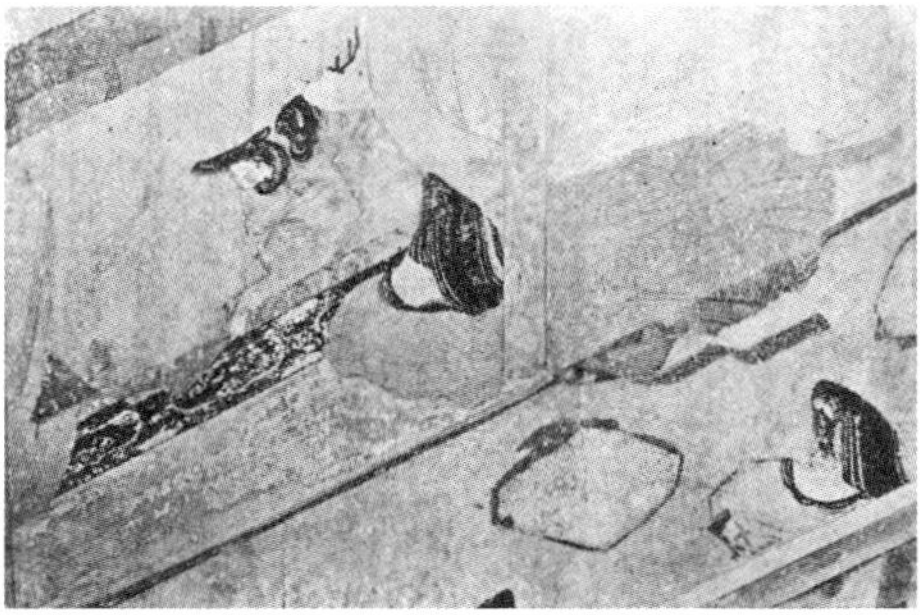

図12　紫式部日記絵巻
中宮彰子産養の場面

然としている。後者では寝台の間際まで履《くつ》ばきで歩くのだから、正面入口に履ぬぎや腰かけをしつらえる必要があるし、内部には屏風を立てまわすなど、密室的傾向が濃厚である。私は、正倉院にある聖武天皇の寝台に「女史箴図巻」の外形をかけ合わせたものを、奈良朝頃の貴顕の寝所、つまり御帳台の前身と仮定しているが、もしこれが大過ないものとすれば、平安朝の御帳台は正に国風化された寝具の典型といえよう。仮定の上に仮説をつみ重ねることは好ましくないが、他の文化の一般的傾向からみて許される想像ではないだろうか。

色彩の点をとってみても、中国の寝所にはいわゆる翠帳紅閨《すいちょうこうけい》といった風の濃厚な色彩の定型があったようだが、わが御帳の場合には淡彩風のみやびやかな色彩感覚を見ることができる。そのうえ季節感をも反映して衣がえがなされた。『建武年中行事』には

四月ついたち、御衣がへなれば、所々御しようぞくあらたむ、御殿御帳のかたびらおもてすずしにごふんにて絵をかくべし、かべしろみなてつす、よるのおとどもおなじ

と、この日、衣装や室内装飾と共に寝所の帳や帷子の類もいっせいにとりかえたことを記している。『源氏物語』（明石の巻）に「四月になりぬ、衣がへの御さうぞく、み帳のかたびらなど、よしあるさまにしいづ……」とあるのもこのことをさしているわけだ。

ついでながら、高貴の女性が御帳でお産のしたくをされるありさまが、『紫式部日記』にはくわしく記されている（図12）。式部の主人で一条天皇の中宮であった藤原彰子が、天皇の第二皇子（長じて後一条天皇と

なる）を出産した寛弘五年（一〇〇八）九月の日記である。

十日の、まだほのぼのとするに、御しつらひかはる。白き御帳にうつらせたまふ。殿よりはじめたてまつりて、君達《きんだち》、四位五位ども、たちさわぎて、御帳のかたびらかけ、御座《おまし》どももちてちがふほど、いとさわがし。

このように、通常御産のための装束は白一色にとりかえたようである。御帳も、この場合にはふだんのものと並べて、御産用の白い御帳を作って、それに移られたというのである。『類聚雑要抄』に記す中宮（藤原璋子）の場合から補うと、白い御帳というのは、白木の御帳、裏も表も白の帷子、白縁《べり》の御座《ござ》、白の御几帳という白づくめであったと思われる。

なお、「紫式部日記絵巻」には、彰子が無事に出産したあと、御帳の中にうち臥しているところが描かれている。産養《うぶやしない》の場面だが、御帳も人物の衣装もみな白一色、というよりもいわゆるいぶし銀のしぶい光彩を放っている。日記とともに鑑賞すると、さりげない情景にもひとしお感慨深いものがある（図12）。

王朝時代の就寝風俗

内裏の後宮

『源氏物語』の世界をみてもわかるように、王朝時代の貴族達は、何人かの妻をもち、そのときどきの心にまかせて、いずれかの妻のもとに通った。一夫多妻の通い婚（＝訪婚）であった。この婚姻形式は上代から変わりないものであるが、以前にあった妻屋というよび名がみえなくなるのは、妻屋が寝殿造の対《たい》の屋《や》などに吸収されてしまったからだと考えていいだろう。

一夫多妻を法で規定されていたのは天皇の場合である。律令制の下では、令によって天皇には皇后のほかに妃（二人）・夫人（三人）・嬪《ひん》（四人）をおく規定があり（実際は欠員も多かった）、ほかに采女《うねめ》なる後宮の女官もあった。藤原時代にはこの制度は崩れてくるが、かわって皇后・中宮のほかに女御《にょご》・更衣《こうい》の名でよばれる女性があった。

いづれの御時にか、女御更衣あまたさぶらひたまひける中に……

とは『源氏物語』の書きだしであるが、女御や更衣が「あまたさぶらひたまひける」後宮のムードというものは、まことにすさまじいものであったようだ。そうした中で特に天皇の寵愛ぶりの目立つ女性があると、

はじめより我はと思ひあがりたまへる御方々《かたがた》、めざましきものにおとしめそねみたまふ。……（桐壺）

ということになる。まことすさまじきものは宮仕えともいいたげである。

後宮は文字通り内裏の後の部分を占めていた。内裏の中核をなす紫宸殿の後ろには仁寿殿と承香殿とが軒をつらねるが、承香殿から後方へのびる長い廊下（これを后廊《きさいろう》とよぶ）をへだてて常寧殿《しょうねいでん》がある。これに后町《きさいまち》の異名があるのは、ここが後宮の中心にあたるからであろう。

この常寧殿を中心としたいくつかの殿舎に、あまたの女御や更衣、それに後宮の女官たちが部屋ずまいをしている。天皇の住居は紫宸殿の隣りにある清涼殿であるから、ここから後宮の女性の誰かのもとへ通われるのは、やはり一種の通い婚であり訪婚であるということになる。さきに天皇の寝室は原則として御帳台ではなく、夜《よん》の御殿《おとど》とよばれる塗籠であることを述べておいたが、ここは夏の通風などを考慮すると決して快適な寝室とはいえなかった。しかし実際に天皇が就寝されるのは（御幼少とか御病弱という場合は別として）

むしろこうした後宮の場合が多かったのであるから、天皇が塗籠を捨てて、御帳台に寝所を求められねばならぬほど、その不便は切実ではなかったと見ていいのではないかと思う。とはいえ、必ずしも天皇が後宮へ通われるばかりではなく、後宮から出向くようにと召されることもあった。このあたりのことはさきに引用した『源氏物語』の冒頭につづく場面にえがかれているから現代語に訳しながら紹介しておこう。

更衣の御局《みつぼね》（御部屋）は桐壺であった。そこで帝《みかど》が、多くの女御、更衣たちの御部屋の前を素通りされて、ひっきりなしに桐壺へお渡りになるので、その方々がやきもきするのもなるほど無理のないことと思われた。また、更衣が御前に参上なさる場合にも、あまりにたび重なるおりおりには、打橋《うちはし》や渡殿《わたどの》のここかしこの通り道に、けしからぬことをしかけては、送り迎えの女房たちの衣《きぬ》の裾《すそ》が台なしになって、がまんができぬほどのこともあった。

またある時には、どうしても通らねばならぬ馬道《めどう》（建物の中を通る板敷きの廊下）の戸を閉めて更衣を鎖《さ》しこめ、あちらとこちらとでしめし合わせて、進退に困るようなめにあわせて困らせることも多かった。何かにつけて、数えきれぬほどつらいことがふえるので、更衣がひどく途方にくれているのを帝はたいへん不憫《ふびん》なことと思われて、後涼殿に前から局をもって仕えていた別の更衣の部屋を、ほかに移させられて、そこを更衣の上局《うえつぼね》として賜った。（桐壺）

ヒロインである更衣は、桐壺に局をもっていたという。桐壺は後宮五舎の一つで、淑景舎《しげいさ》のことである。その壺（庭のこと）に桐の木があったことから桐壺と通称されたのだが、この建物は内裏の東北の隅にある。だから天皇の住居である清涼殿からはもっとも遠く、いやでも後宮の中を横ぎっていかねば通えなかったわけである。みちのあちこちに控える女御更衣たちの怨嗟《おんさ》のいぶきが、後宮一帯にみちている。天皇の寵愛が深ければ深いほど、気の弱いヒロインには耐えられない毎日であった。そこで天皇は清涼殿の西隣にあたる後涼殿にも局を賜った。

これを上局と記してあるが、それは常に住む下局に対して、御前に参上する時に控えの間として使用する局の称である。もとより特に寵愛の深い女性にだけ許される特例であった。

光源氏と空蟬《うつせみ》の場合

王朝時代の帝《みかど》と、后《きさき》および上級貴族の寝室・寝所の概略は、上にのべてきたところでほぼ説明がついたと思うが、一般の貴族やその従者達の就寝風俗も考えておく必要がある。

酒の酔いがすすんで、供の者はみな簀子《すのこ》の縁に横臥して、寝静まってしまった。

源氏の君はくつろいでおやすみにもなれない。今日はひとり寝かと思うとかえって目が覚めてしまう。すぐ北側の障子の向うに人の気配がするので、さてはあの話題の女の隠れている所だな、何ということだ、と、じっとしておれない気持ちになって、そっと起きて立ち聞きをされると、さっきの子供の声で

「もしもし、どこにいらっしゃるの?」とかすれたかわいい声、女が答えて

「私はここに寝ていますよ、お客様は寝てしまわれたのかしら。どんなお近くかと案じていたら、案外遠くにいらっしゃるようね。」

と、しどけない寝ぼけ声が、あの子によく似ているのは姉弟だからだなとお思いになる。

「源氏の君は廂《ひさし》の間にやすまれましたよ。音にきこえたお姿を拝見したけれど、それはご立派なものでしたよ」

図13　尼僧主従の寝所（春日権現霊験記より）

と、ひそひそ言っている。……（『源氏物語』帚木の巻）

これは源氏十七歳の夏、方違《かたたが》えのために訪れた紀伊守の家で、たまたま来あわせた紀伊守の義母空蝉《うつせみ》と一夜の契りをかわす場面のプロローグ（現代語訳―筆者）である。

寝殿造の住宅構造はさきにのべたが、建物の中央は母屋《もや》、その周囲に廂（庇）の間、その外側に孫廂《まごびさし》とか簀子などの縁がつけ加わる。上に引用したところで、源氏の君は廂の間に寝所をしつらえ、従者達は、その外側の簀子で寝ていることがわかる。話題の女性である空蝉は源氏と障子（現代の用語でいうと襖にあたる）一つへだてた母屋に寝ているらしい。原文には「女君はただこの障子口筋違《すじか》ひたるほどにぞ臥したるべき」とある。空蝉につかえる女房達は「長押《なげし》の下に人々臥して答《いら》へすなり」とあるから、その向こうの母屋と廂の間の境のあたりか、あるいはもっと外部に近い廂の間と簀子縁の敷居のあたりかに寝ているようである。

「春日権現霊験記」の第七巻には、女主人とその女房たちが、それぞれにうちやすんでいる夏の夜の風俗が描かれている（図13）。簡素な描写だが、寝殿造における夏の就寝風俗の一つの典型を知る格好の資料であり、空蝉の女房達が長押（敷居）に臥したとあるのは、まことにこうしたありさまかと思わせる。夏の宵というせいもあるけれども、従者や女房たちは、とりたてて寝具というほどのものも身にまとわず、ごろ寝さながらに寝ているようだ。蚊にもさされるであろうし、なによりもずいぶん無用心な気がするが、王朝時代とはこれほどのどかな時代でもあったのだろうか。『枕草子』にもこのような描写がある。

（女主人は）南か東の廂の間に、きれいな畳を敷いて、白い生絹《すずし》の単衣《ひとえ》に紅《くれない》の袴、宿直物《とのいもの》（掛けブトンにあたる）には色の濃い衣《きぬ》の、さほどなえてはいないものを少し引きかけて寝ている。燈籠《とうろ》に火をともした二間ばかり向こうには、簾を高くあげたままで、女房二人と童女などが長押（敷居）によりかかったり、または、おろした簾により添うようにして寝ているのもある。（一八六段、現代語訳―筆者）

やはり夏の宵の情景だが、清少納言は隣の建物にいる女主人と女房たちの寝姿を垣間見ている。というよりも、やがて「宵うち過ぐるほどに、しのびやかに」訪れてくる男性との逢瀬をのぞき見しているのであるから、いつの時代になっても人の心は変わらないものである。

無用心といえば、源氏と障子一つへだてて寝ていた空蟬の主従もずいぶん無用心であった。寝苦しい夏の宵、障子の向うでひそひそと自分の噂を交す姉弟の会話、若い源氏の心をそそる情景をかきつらねたあげく、紫式部の筆は

みな静まりたるけはひなれば、掛《か》け金《がね》をこころみに引きあげたまへれば、あなたよりは鎖《さ》さざりけり。

……

と、ひとつの決定的な出来事への展開を書きだしている。空蟬の寝所との間を閉ざしているはずの障子の掛け金は、はずされたままであった。このあと、夢幻のような夏の夜の出来事、そして伊予介《いよのすけ》という年老いた男の人妻である身を反省する空蟬の煩悶と慕情が描かれるが、空蟬を筆頭としてくりひろげられる源氏の女性遍歴を追っていくと、寝殿造の構造は無用心かぎりないほど開放的である。紫式部もさすがに気がとがめ

たのか「かやうにて世の中のあやまちはするぞかし」（こんな無用心がもとで男女のあやまちは起こるというものだ…）と書き添えてはいるが（「花宴」）、藤原時代一般が、男女の間もひとびとの心も、その後の時代からは想像もつかぬほど開放的でのどかであったことは事実である。

キヌギヌの哀感

一夫多妻の訪婚形式が法で規定された天皇の場合はさきにのべた。一般貴族の場合には、細かな法の規定はなかったけれども、正妻と他の妻達とは区別されていた。『源氏物語』における正妻葵《あおい》の上《うえ》と他の女性の場合のように、けれども、正妻であるからといっても、夫を繋ぎとめる要素は愛情の力だけである。『蜻蛉《かげろう》日記』の著者も、のちには摂政関白にまでなった藤原兼家《かねいえ》を夫にもつ正妻の身であるだけに、他の妻のもとに通う夫の心に思い悩んだ女のひとりであった。

『蜻蛉日記』をみると、道綱が生まれてまもなく、兼家は別に愛人ができて、そちらにしげしげと通う様子。自分のもとには三日も来ない日が続いてから、宵にふと兼家が訪れるが、と思うまもなく急な用事があるからと出かけてしまう。変に思って後をつけさせると、やはり、あの女の家に車は止ったという返事。胸は傷み、思いは乱れるここちである。

そんなことが数日あって、夜ふけに兼家はまたどんどんと門を叩く。意地になってあけないでいると、兼家はそのまま例の女の方へいく気配である。意地になってみたものの翌朝には、

嘆きつつ独り寝る夜のあくる間はいかに久しきものかは知る

と、いい送らずにはおられないせつなさであった。それだけに晴れて恋人とともに過す夜の短さは、また

ひとしおに感じられる。

だが通い婚のマナーとして、宵に訪れた男性は早朝、まだ人の面のさだかにしれぬうちに起きだして帰ることになっていた。

ありあけのつれなく見えし別れよりあかつきばかり憂きものはなし（『古今集』六二五）

しののめの別れを惜しみわれぞまず鳥よりさきになきはじめつる（『古今集』六四〇）

明けぬれば暮るるものとは知りながらなほうらめしきあさぼらけかな（『後拾遺』六七二）

いずれも早朝の別れを惜しむ心を歌っているが、夜明けのよび名に、あかつき・しののめ・あさぼらけの別があるのは、夜明の時の移りゆきに対する敏感さ、そして観察の細かさのあらわれでもあろう。

春はあけぼの、やうやうしろくなり行く山ぎは、すこしあかりて、紫だちたる雲のほそくたなびきたる。

誰もが知っている『枕草子』の書きだしであるが、これは清少納言が特に早起きであったからではなく、むしろ当時のひとびとに共通する心情を書き綴ったとみていいわけだ。

あかつき（暁）は、いわばまだ夜明け前、空は明るいがあたりはまだ宵やみがのこっている。つぎに、しののめ（東雲）の夜明けがた、東の空が白みはじめる頃、そして、あけぼの（曙）はいよいよ夜の明ける頃、ということになる。朝日がのぼるのはまだこのあとであるから、現代人はよほど努力をしないとこの感覚をよみがえらせることはむつかしいのではないか。ところで、

しののめのほがらほがらと明けゆけばおのがきぬぎぬなるぞかなしき（『古今集』六三七）

という歌がある。「きぬぎぬ」とは衣衣《きぬぎぬ》の別れをさすことば、これは「後朝の別」と書くならわしがあるの

で、つい朝寝をしてしまうからかと早合点をしてはならない。あかつきか、しののめか、いずれにしてもまだ夜の明けるか明けないうちの話である。空がほがらほがらと明けてくると、衣《きぬ》と衣とを打ちかけあって寝ていた男女が、それぞれの上衣《うわぎぬ》を自分の身につけて別れていく。上代にあった袖の別れが、藤原時代になると衣衣の別れへとかわっていく。そこには、筒袖から大袖へと衣服が大きく発展するとともに、男女の就寝風俗にもおのずから変化のあったことが端的に物語られている。

扇面法華経にえがかれた添寝

王朝時代の男女が、仲良く添臥している場面は、藤原末期の扇面写経のうち三扇にえがかれている。その(一)は、東京国立博物館蔵の法華経巻八（扇一〇）で、泉殿《いずみどの》の簀子《すのこ》縁《えん》の端に、あざやかな緑の地に藤花紋を染ぬいた紺地の縁どりも美しい上筵《うわむしろ》を一ひら敷きのべ、白絹で包んだ木枕に頭をたくした公卿があちら向きに横臥している。一見したところひとり寝のようにみえるが、上にはなやかな女物の単《ひとえ》を掛けているし、男の白袴と向かいあわせに、赤い袴が筵の中央にえがかれていて、女性が添臥《そえぶ》していることは明らかである（図14）。最近出版された秋山光和・鈴木敬三・柳沢孝三氏共著の『扇面法華経』（鹿島出版会）によれば、現物に斜光線をあてて注視すると、男の顔と向いあわせに女性の顔の輪郭がほのかに残っているのがわかるそうである（秋山光和ほか『扇面法華経』付録「扇面法華経の研究」一一九頁）。扇面写経は、当時一般に使われていた扇紙を料紙に使って法華経を写経したものだから、王朝時代にはこの種の風俗画に何の問題もなかったはずである。ところが後世になって、男女の関係にストイックな倫理がおよぶ時代になるとそうはいかない。写経の料紙に男女が共寝をする場面をあらわにえがくとは何たること、と眉を逆立てる人種が出

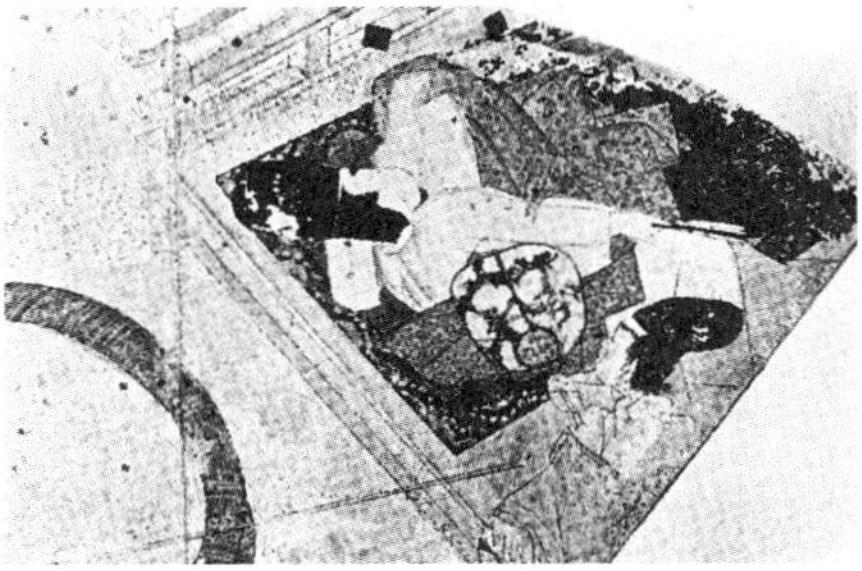

図14　扇面法華経
法華経巻八（扇10）　東京国立博物館蔵

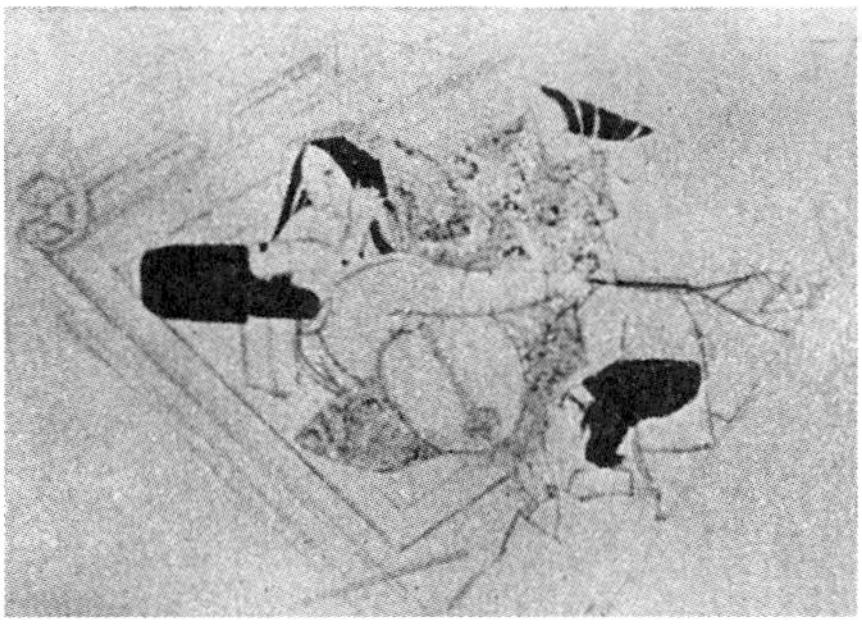

図15　扇面法華経かき起こし

現したのもうなずける。この絵画の女性の顔は、おそらくそうした心ない人の手によって削られてしまったものであろう。扇面写経の中でも特に美しい画面であり、そのうえ巻末の一紙であるため写経による隠蔽がなく、わずかに空押しの罫がのこるだけの扇紙そのものであるだけに、中心の空白が惜しまれる。読者には鈴木敬三氏のかき起こし（図15）によって愛情こまやかな添寝の風情を味わっていただくほかはない。

その（二）は、四天王寺蔵の観普賢経の料紙（扇4）で、これも泉殿の軒端で添臥する男女をえがいている。薄緑地に赤い唐草文をえがく派手な縁をめぐらした上莚を敷きのべ、白絹包みの木枕に頭をあづけた公卿が、こちら向きに横臥している。枕元には帖紙《たとう》の上に鐔《つば》をあずける形に野太刀を横たえている。上には銀地無文の大袿《おおうちき》をひきかけているが、中は素肌のままであるため、身体の線はあらわにえがかれている（図16）。

女は、彼の大袿の中から半ば起き出てきて、左手で杓の柄をとり、流れから水を汲もうとするようなしぐさにみえる。『源氏物語』の紫の上を連想させるような幼な妻である。素肌の上に透明に近い単を一枚うちかけるように着ているが、上半身はあらわに見えている。落ついた蘇芳《すおう》色の袴をちらりとのぞかせているが、もとより卑猥なところは全くない。起き上った女の髪が乱れぬよう、男は手をのばして女の腰のあたり

図16　扇面法華経
観普賢経（扇4）　四天王寺蔵

を支えている。こまやかな愛情の表現とみてとれる。

その(三)は、武藤家蔵の観普賢経（扇9）にえがかれる琵琶法師の演奏を楽しみながら添臥する男女の図である。中央に召使の女房二人を配した簀子縁をえがき、左手に琵琶を演じる法師、右手上方に庇の間の一部と、そこに添臥している貴人の男女を配置している。貴人たちは、萌葱《もえぎ》色の地に、紺地に銀で唐花を散らした縁をまわした、あざやかな上筵を敷き、端近く、こちらに向けた顔を並べて身を寄せあっている。男は白の枕に頭をあづけ、白の生絹《すずし》の大袿をうちかけ、右下に横臥している。女君は、藤黄の地に丹で唐花唐草を描いた単をはおり、その裳裾《もすそ》にちらりと緋の袴をのぞかせる。上半身は、右手をのばした男君の腕の中に身をあずけるような形で寄り添い、頬を相手の右胸のあたりにうずめる形でこちらをふり向いている。宵闇をぬって流れる楽の音を象徴するような墨流しの効果。目を閉じて恍惚の境に遊ぶ男女の衣装と寝具は、まるで宝石をちりばめたような豊かな色彩の諧調にみちている。

扇面写経（扇面古写経とか扇面法華経、扇面法華経冊子ともよばれる）は、さきにも記したように、藤原時代に一般に用いられた紙扇の地紙を料紙として、これに写経したものであった。紙扇の地紙に風景画や風俗画あるいは物語絵をえがいて楽しむことは、『枕草子』とか『紫式部日記』などにも記されているが、上に記した扇面写経の料紙がいつ頃のものかについては結論をえていない。ごく最近までは、一一八〇年代とするのが通説ではあったが、上記の秋山氏等の労作にはむしろ十二世紀中頃に設定する可能性の濃厚なことが強調されている。

十二世紀の中頃か末頃かということは、時間的にはたいした開きはなさそうにみえるがそうではない。一一五六年の保元の乱から一一五九年の平治の乱を境に、優雅な王朝の夢は破れて平家一門による武門の政治へ、さらに一一八五年の平家滅亡を境に源氏一門の武家政治へと歴史は急テンポに進展する。だから、上に叙述したようなのどかな風俗は、十二世紀も中頃までと考えるべきであろう。

扇絵に男女の添寝する風俗をえがいたものが十二世紀の中頃に普及していたありさまは、王朝時代の逸話を伝える『十訓抄』のつぎの話（『十訓抄』巻八、可レ堪二忍子諸事一事の項）に

　高陽院の御様は、あまりに男とをくて、男女ならびゐたる絵かける扇をばすてられけるとかや。

とあることにも裏書きされている。ここに高陽院の御様とあるのは藤原忠実の長女泰子（一〇九五〜一一五五）のこと。

彼女は三十九歳で鳥羽上皇に入内したというから、当時としてはたいへんなオールドミスであった。「あまりに男とをくて（遠くて）」とあるとおり、およそ男に縁がなかったためであろうが、扇絵に男女の添寝するのをみても気持が高ぶってみな捨てさせてしまった、というのである。『十訓抄』はこのあとに

　あへりてよづかぬさまにあざけれども、ふかく昔びたらん方はいみじきためしと申べし

とつづけているのは一考に値する。内容は、高陽院がそうした絵を捨てさせたことを、当時の人は男女の道にうといことよと嘲ったのであるが、たいへん昔風の方ならば結構なことよと申されたであろう、という意味である。もしこれが当時の状態をさしたものとすると、男女添臥の風俗をおおっぴらに描くことは王朝時代もさして古い時代のことではなく、むしろ藤原末期の一時的な現象とみてとれる。ただしかし、ここで考え合わさねばならないことは、『十訓抄』の編集されたのは建長四年（一二五二）、つまりおよそ百年後のことだという点である。だから高陽院に対する肯定的な態度はむしろ編者のモラルを投影したものとみてとる

こともできる。

さて、扇面写経中に三点あった男女の就寝風俗は、いずれも季節は夏ではあるが、身には袴のみをつけ、上半身は単か袿《うちき》を羽織るのみでほとんど肌はあらわである。衣《きぬ》と衣とを打掛け合って睦びあう男女の風俗はさながら胡蝶のたわむれのようである。これをみると、しばしの別離を示す「きぬぎぬの別れ」の表現がなるほどと実感されるであろう。

なお、三図の男性はいずれも烏帽子をかぶったままである。うちとけ合った添寝の時にまで烏帽子をつけたままなのは、ずいぶん不自由な感じはするが、この場合男性はあくまでも訪問者である以上、礼儀としてこれをとるわけにはいかなかったのであろう。有名な『小柴垣草紙』に展開される男女の目合《まぐあい》の図をみても、彼は一糸もまとわぬ状態になりながらも、なおかつ烏帽子は頭にいただいている。

ついでながら、烏帽子を頭に女のもとを訪れる男性については、『枕草子』に記される清少納言の観察と意見を参考までに紹介しておきたい。

女のもとへしのんで来るのに、長烏帽子などをかぶってきて、そのくせ人に見られまいとしてあわてて入ろうとすると、物につきあたって、ガサッと音を立てる。伊予簾などがかけてあるのを、くぐろうとしてはサラサラと鳴らしたりするのも、なんとも気のきかないこと。(二六段　にくきもの)

烏帽子ひとつにしても、ずいぶんと気をつかわなくてはならないわけだ。さて、いよいよ「きぬぎぬの別れ」にあたっても、彼女の注文はこのようである。

暁になって、女のもとから帰ろうとする人は、装束などをばかていねいに整えたり、烏帽子の緒《お》や髪の元結《もとゆい》をかたくしめなくてもいいと心得るべきでしょう。……(六十段)

烏帽子をつけて訪れ、帰るときにももちろんつけて帰ることはこれで明瞭だが、女性のもとに添寝するときにどうするかは『枕草子』には書かれていない。そこは扇面写経や小柴垣草紙の絵によって、やはり不自由ながらも頭から離してはならぬ定めであったと考えておくほかはない。

フスマとヒタタレ

平安時代のフスマ

現代の掛けブトンにあたる寝具のことを、古くフスマとよび、これに衾とか被の字をあてて書き記すことが多かったことは、さきにのべておいた（第一章フスマの項）。この習慣は平安朝を通じてほとんど変わってはいないが、上古、上代の場合とちがって、やや史料が豊かになってくる。

『日本霊異記』にこのような話がある。

大和の国の添上《そうのかみ》の郡、山村の中の里に、むかし椋《くら》の家長の公《きみ》という人がいた。ある年の十二月に、方広経を供養して、先きの世の罪を懺悔《ざんげ》しようと発心し、使用人にお坊さんをひとりよびにやらせた。使用人はいわれた通り、路で最初に出会ったひとりの僧をたのんでつれてかえってきた。家主は信心して供養したが、その夜、仏事が終わって僧がやすもうとした時に、主人は用意をして、被《ふすま》をおおって寝てもらった。ところが僧はそのとき心のなかで、「明日、仏事をした礼の物をもらうよりも、この被を盗んでいった方がよい」と考えた。……

『日本霊異記』は平安朝もごく初頭に集録された説話集である。引用文は例によって現代語に訳したものだが、これをみると、この家の主人は泊めた僧のために夜具として被を用意しているが、これは冬という季節も条件に考えるべきだろう。上にみてきた平安朝の文学や絵画では、必ずしもフスマを上掛けにするとは限らないし、むしろ一般には、昼間身につけていた衣服《きぬ》をぬいで、これを夜着として使用する方が多かったように思えるからである。そのようにフスマの使用例が少ないことは、一つにはそれが高価なぜいたく品であったからとも考えられる。物語りの中で、僧がお礼の物をもらうよりも、てっとり早くこの「被」を盗んでしまおうと考えたのも、そのためと思われる。

平安朝のフスマを絵にかいた史料としては、「源氏物語絵巻」がもっとも重要である。この絵巻には、フスマをえがいた場面が二個所ある。

その(一)は「柏木」の巻(第二段)。主人公の柏木が人妻との密通、その結果の思わぬ懐妊などに苦悩して病床に臥しているところへ、光源氏の子の夕霧《ゆうぎり》が、昇進の祝いをかねて見舞いにくる。『源氏物語』の方には「どうしてこうも弱々しくなってしまわれたのです。きょうは、ご昇進の喜びで、少しは元気になられたかと思ったことですのに」と、夕霧はいいながら、几帳《きちょう》のすそをひきあげる。柏木は、「残念なことに、むかしの私とは思われぬようになってしまいましたよ」と、烏帽子だけは、髪をおし入れるようにしてやっとかぶり、起きあがろうとするが、ひどく苦しげである。白い衣《きぬ》などのなよやかに身に馴《な》れたものをたくさん重ね、衾《ふすま》をひきかけて臥しておられる。

あたりは薫物の香が漂い、清げにととのえられていて、重い病気をしている人は、おのずと髪も乱れ、髭ものびたりして、むさくるしい感じのするものだが、やせ衰えているために、ますます色が白く、上品にみえる。枕を立てて、頭をもたげかせ、話をなさろうとするが、息もたえがちで、あわれである。

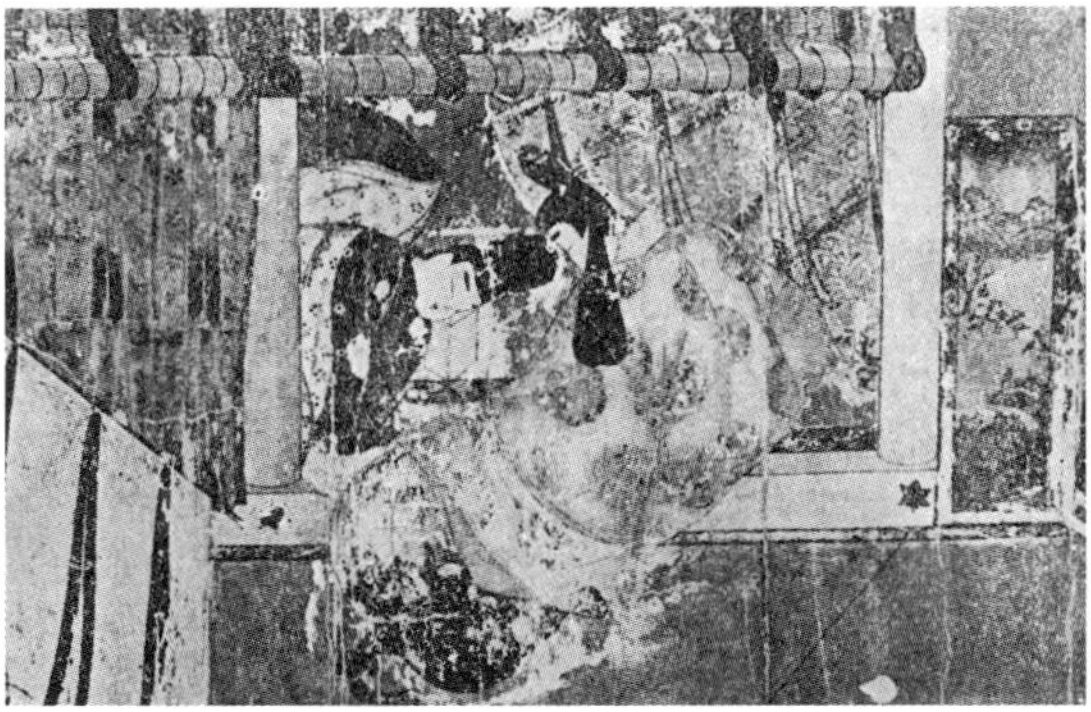

図17　源氏物語絵巻「柏木」

とある。

絵は廂の間から母屋の内部を府瞰する角度でえがいている。母屋と庇の間を仕切る長押《なげし》に腰かけて、半ば向うむきに坐っているのが夕霧、母屋の青畳の上に木枕《こまくら》をたて、頭をあずけてこちらむきに横臥しているのが柏木である（図17）。

烏帽子をつけているのは、物語の文にもあるとおり、見舞に来た客にたいする礼儀のためだから、この場合、ふだんは烏帽子をとってやすんでいたことがわかる。衣は銀地無文にえがき、袖口には胡粉《ごふん》塗の上に、線描で四枚重ねの状態をあらわしている。原文に「しろき衣どもの、なつかしうなよよかなるを、あまた重ねて」とあるとおりで、絵全体も、原文に忠実な態度をとっていることがわかる。

さて、原文に「衾ひきかけて」とあるフスマであるが、表は白地に梅鉢文様をちらし、袖裏にあざやかな朱色をいれて赤の平絹《ひらぎぬ》をあらわしている。袖口の曲線がゆったりと波うっているのは、表と裏の間にワタを入れた厚手のフスマであるせいと思っていいだろう。

その㈡は、「御法《みのり》」の巻で、紫の上が四十三年の生涯を閉じる直前、二条院の寝殿で、見舞いにきた源氏の君と最後の対面をする場面である（図18）。

画面は左下に直衣《なおし》姿の源氏を斜め後ろむきに坐らせ、向いあった紫の上を右上に斜め前からの角度で対照的にえがいている。紫の上は前に脇息をおいてかろうじて身を起こした姿、衣手《そで》を顔におしあてて涙を拭うしぐさも苦しげである。画面のいたみもあって衣装は明確ではないが、袿《うちぎ》姿の上に、フスマをかけているさまはよくわかる。

この場面については、鈴木敬三氏によってつぎのような解説があるので引用させていただく。

「紫の上は、病に悩む身を脇息《きょうそく》に支えて居るが、上に被《かづ》いた衾を稍々後に退けてはおり、単に衣四枚を重ねた袿《うちぎ》姿で、右臂を脇息にかけながら手先を内懐から引出し、単《ひとえ》の襟を覗かせて涙を拭われたまま面《おもて》を深く埋められている。（中略）衾は白の絹を表現して、銀で二枚重ねとして居るが、広袖の大袿に似た宿直《とのい》物《もの》である所謂、直垂《ひたたれ》の衾であることを示して居る」（鈴木敬三『初期絵巻物の風俗史的研究』第一章第一項）

図18　源氏物語絵巻「御法」
下図は鈴木敬三氏によるかき起こし

物語の本文には、風俗にかんするくわしい描写はなく、フスマの語も読みとれないが、絵巻の描写と、鈴木敬三氏の解説（氏はこの場面の描起こしを添えて解かれている―図18下段）を参照すると、王朝時代のフスマの実体をかなり具体的に理解することができよう。

また柏木の巻と御法の巻の二個所にあったフスマを参考にしてみると、いずれも広口の袖をつけ、保温のためにワタ（絹綿と解してよい）を入れたものである。

季節を考慮に入れると「柏木」は冬、「御法」は秋口、しかも絵の主人公は二人とも病身であることも用法上の一つの条件であろう。

もとより、最後に引用した『日本霊異記』の話のように、病身でなくともフスマを使用する例は多く、『源氏物語』の文中にもフスマの語は他にも散見できるが、その中、若き日の紫の上にまつわる印象深い用語例を一つだけつけ加えておくことにしたい。

しばらく見ない間に姫君はすっかり女らしく成人なさったので、源氏はもう夫婦になってもおかしくない頃合いだと、それとなくにおわせたことなど、ときおり申しあげて反応をごらんになるが、まるでおわかりにならぬようすである。

源氏にとってはいたわしい気もあったけれども……どういうことがあったからだろうか、男君のほうは早く起きだされたのに、女君はいっこうにお起きにならない朝があった。

昼近いころ、源氏の君が訪れてこられて、「……どんなぐあいですか……」といって御帳をのぞかれると、姫はなおのことに掛けてあるお召物をひきかぶって寝てしまわれる。

「なぜこう気まずい仕打ちをなさるのです。皆も変だなと思いますよ」と、源氏の君が衾をひきのけてしまわれると、姫は汗びたしになって、額髪《ひたいがみ》もひどくお濡れになっている。

源氏がみずから手塩にかけて育てあげてきた紫の上と新枕をかわした翌朝のできごとなのである。原文には

人もいかにあやしと思ふらん。とて、御衾をひきやりたまへば、汗におし漬して、額髪もいたう濡れたまへり。

とある。幼な妻の初夜のあけをさらりと描写した場面ながら、やはり衾はあたたかい寝具であったことをも

物語ってもいる。

フスマ・ヒタタレ・トノイモノ

平安朝の文学と美術にあらわれたフスマについては、以上にのべたところで大要を尽したと思う。ところで、その文中に引用した鈴木敬三氏の衾についての解説に疑問をいだかれた向きがあるかもしれない。もう一度再現すると、氏は紫の上が「御法」の巻で用いていた衾《ふすま》について「広袖の大袿《おおうちぎ》に似た宿直物《とのいもの》である所謂、直垂《ひたたれ》の衾である」と説いておられる。つまり、紫の上のはおる衾は、じつは直垂衾とよぶもので、それは広袖の大袿に似た宿直物である。といい直すことができよう。直垂、大袿、宿直物、この三つは、ともに上古、上代にはなかった名称であり、しかも平安朝以後には広く文献に顔を出す風俗史の用語である。大袿は大ぶりの袿《うちき》の名であるが、直垂と宿直物とはいずれも寝具にかかわりの深い名称であるから、これにふれないでおくわけにはいかない。

順次のべていくが、まず直垂とはもともと、平安朝では庶民の平服、中世には武家が常用し、近世には礼服となった上半身衣の名称であるが、その形が襟・袖のついた衾と似通っているために、こうした形の衾を直垂衾とよび、略して直垂とも称されたようである。『今昔物語』（巻二六）には

五位も寝所とおぼしき所に入りて寝むとするに、そこに綿四五寸ばかりある直垂あり。……練色の衣《きぬ》三《みつ》が上に、この直垂を引き着て臥たる云々（利仁《としひと》将軍若き時、京より敦賀へ五位をゐて行く話）

とあって、ここでは直垂はあきらかに衾の名称になっている。

このように直垂衾を単に直垂と記す例は意外に多い。そのためもあって、直垂とはもともと夜具の名称で

あったものが、のちに衣服の称になったと、逆の推測をくだす意見もある。古いところでは屋代《やしろ》弘賢の『古今要覧稿』、土肥経平の『春湊浪話』などに記されるが、現代の風俗史家にもこの意見の支持者がかなり多い。

このように意見のわれる今ひとつの原因は、ヒタタレという名称の由来がはっきりしないことにもある。

直垂は、もとは宿直《とのゐ》に夜寒を凌がん料に、綿入れたる衣を著て、柱によりそひなどして、夜を明かせしものなるべし、宿直袋に入れもて出で、宿直装束の上に打着て帯などもせで、ひたぶるに打垂れて着たれば、ひたたれとはいひしなるべし（『後松日記』）

と、ここでは「ひたぶるにうち垂れて着た」から、という解釈と、それがもともと夜着であったという推定とを合致させるために、それが宿直物として発生したという由来をからませて納得させようとするのだが、はたして読者の得心をうることができるだろうか。

ヒタタレということばは、たしかにひたぶるに垂れるという状態からきた言葉のように思われる。それなれば、これを夜具にこじつけるよりは、衣服の直垂からうけるあの打ち垂れた感じからきたと素直に解釈しておく方がいいのではあるまいか。第一、宿直といっても、柱に寄りかかって立っていると解釈するのは滑稽で、「春日権現霊験記」などにもえがかれているように、簀子《すのこ》などにうずくまって温をとる方が自然であろう。まして、「源氏絵巻」にみた柏木や紫の上の場合のように、宿直とは関係なく直垂のフスマが用いられているにおいておやである。

なお、宿直物という名称は、『源氏物語』（須磨）に

旅の御宿直物など調じて奉り給ふ

とある場合は、宿直の際に着用する衣服・夜具の総称とも受けとれるが、先に引用した『枕草紙』の一文に

図19　伴大納言絵詞
宿直袋をかつぐ従者

白き生絹《すずし》の単衣《ひとへ》、紅の袴、宿直物には濃き衣《きぬ》のいたうはなえぬをすこし引きかけて臥したり（一八六段）

とあったのは、明かに夜具としての名称である。この場合は宿直とは無関係であるから、掛ブトンにあたる夜具のことを「宿直物」ともよぶならわしのあったことが知れる。

話のついでだが、夜具を「宿直袋《とのいぶくろ》」という袋に入れて従者がもって歩く風俗は、「伴大納言絵詞」の子供の喧嘩をみる群集の中に宿直物をになう水干姿の子供があっていい参考になる。袋は黄色の地に花輪違の文様をえがき、縦横に萌葱《もえぎ》の組紐で表差《うわざ》しをした表差袋《うわざしぶくろ》である（図19）。

さて、フスマに直垂衾（略して直垂）という名称が使われたということは、その他方に、直垂のようでない、別種のフスマがあったことを裏書きしていることになる。この点はどうであろうか。

鎌倉中期に記された『雅亮《まさすけ》装束抄』（一）には、フスマについて次のような叙述がある。

御ふすまは、くれなゐ（紅）のうちたるにてくびなし、ながさ八尺、又八の（幅）か、五の（幅）の物なり、くびのかたには、くれなゐのねりいとを、ふとらかによりて、二筋ならべて、よこさまに三はりさしをぬふなり、それをくびとしるべし、……

これでみると、このフスマは長方形で、襟袖はないと解した方が自然であろう。さらに『源氏物語湖月抄』（九葵）には

衾は色紅なり、紅衾とも云ふ。四角四方也

と、はっきり説明してある。江戸時代の文献ではあるが参考には値しよう。また、同じく江戸時代の百科事典である『和漢三才図会《さんさいずえ》』にも、「ふすま（衾）」の項に長方形のフスマの図を掲げたうえ、

按ずるに、図するところの衾は、蒲団《ふとん》に似たり。

と付記している。江戸時代には今日われわれが使っている長方形の蒲団が一般化しつつあったから、「蒲団に似たり」とは、その形が四角四方である点を指しているわけだ。もとより『和漢三才図会』の筆者は、これとは別に襟袖ある寝衣を念頭においているから、蒲団の既定概念を衾にあてはめたわけではない。むしろ、参考にしたものとすれば、明《みん》の王圻《おうさ》の著になる『三才図会』ではないかと思えるが、もしそうであるとすれば、明代の衾が長方形であったことになり、問題はそれがどのくらい古くから中国にあったか、また、それがはたして日本の古代に伝わっていたかにかかってくる。しかし、残念ながらこの点については史料不足で、これ以上のことはわからない。

いささか不充分ではあるが、これらの材料を総合してみると、おそらく直垂衾なるフスマのほかに、たんにフスマ（衾、被）と称された四角四方の寝具があったとみてよいのではないか。だからこそ、それとの区別の意味で直垂衾の称が生じ、それがつづまって直垂とも称されたとみておきたい。

コモ・ムシロ・シトネ・タタミ

コモ

コモは薦、菰とも将とも書く、現在は荒織のムシロの称となって上等の敷物とはみられないが、織物とし

てはタタミよりも古く出現したものではないかと思う。もちろん寝具にも使われた。

かりこもの一重を敷きてさ寝れども君とし寝れば寒けくもなし（『万葉集』巻十一・二五二〇）

コモは小編の義（『倭訓栞』）とする説もあるが、むしろ、禾草《けぐさ》を編んだ着物、つまり禾裳《けも》が転じた（松岡静雄『日本古語辞典』）と解しておきたい。後代ではコモは草の名（いね科の多年生草本）として知られるようになるが、これは織物としてのコモ（禾裳）の材料として名指されていたものが、いつしか草そのものの名となり、逆に菅《すげ》や藁などを材料としてスガゴモとかワラゴモが作られるにおよんで、本来のコモを区別するためにマコモの名が生じるという発展があったものと思う。

菅薦《すがごも》の中では中世以後になるが、特に陸奥《みちのく》の名産「とふのすがこも」というのが聞えていた。これは幅広の敷物であるため、特に男女が一緒に寝ることに関係が深かったようだ『袖中抄』（十四）の「とふのすがこも」の項に、

みちのくのとふのすがこも　なゝふには　きみをしなして　みふにわれねん（上略）
とふあらんことはひろからん料也、されば綺語抄には、とふとは、とふあみたるをいふといへり、又みちのくとつづくるは、此ひろきこもの奥州にあるなめり。これは人をおもふ心にて、七ふには君をねさせ、みふにはわれねんとよめる也。……

とある。

『新葉和歌集』にも

敷きしのふとふのすがこも三ふにだに君が来ぬ夜はわれや寝らるる

『堀河院御時百首』には

霜　　　　　　　河内

霜払ふ鴨のともやいかならん十ふのすかごもさゆるよな〱

霞　　　　　　　春宮大夫公實

玉ざゝに霰たばしる冬の夜はいとしそさゆるとふのすがこも

『夫木和歌抄』（二十五浦）中務卿親王家五十首歌合にも、道因法師の歌として

みちのくの野田のすがこもかたしきてかりねさびしきとふのうらかぜ

とある。

これにくらべると、ワラゴモの方は早くから下級品になり下がっていたものか、『今昔物語』（二十）の中に

今ハ昔、義紹院ト云僧アリケリ、元興寺ノ僧トテ、ヤムゴトナキ学生也、ソレガ京ヨリ元興寺ニ行ケルニ、冬ノコロ也、泉川原《いずみのかわはら》ノ風極テ気悪《けあし》ク吹テ寒キコト限リナシ。夜立ノ杜ノ程ニ行ケルニ、墓ノ隠レニ藁薦《わらごも》ト云フ物ヲ腰ニ巻テ低《た》レ臥《ふ》セル法師アリ、……

と伝えている。近頃ではなくなったが、われわれの子供の頃、乞食はオコモサンともよばれていた。まさしく藁薦をからだに巻いて、夜はたれ臥していたものであったが、『今昔物語』にこのような話のあるところをみると、早くも平安朝にはじまる風俗であったのかもしれない。やや時代はさがるが常福寺本「拾遺古徳伝」には、道端でワラムシロに寝る乞食の絵がえがかれている（図20）。

図20　拾遺古徳伝（常福寺本）

ムシロとシトネ

ムシロには、莚、席の字があてられる。形、大きさ、素材、用途も多種多様で、広くとれば敷物一般の総称とも解されるが、あえていうならば畳表《たたみおもて》に縁どりをした寝御座《ねござ》のたぐいをよぶのが普通である。ムシロの種類については『倭訓栞』（前編三十一）に

歌に狭《さ》むしろ・藁むしろ・綾むしろ・苔むしろ・稲むしろ・菅《すげ》むしろ・萱《かや》むしろ、などよめり、細貫筵《ほそぬきむしろ》・五繰筵・弘筵は江次第に見え・小町筵・食筵・龍鬢《りゅうびん》筵・広席《むしろ》・狭席・東席・長席・出雲席・葛野席・黒山席は延喜式に見ゆ、黒山席は河内丹比《たじひ》郡の郷名也、ゐむしろは藺席也、かまむしろ越席《クロワ》也。くずむしろは葛席也、播磨筵は秘密筐に見ゆ、豊島筵は庭訓往来に見ゆ、小筵は雲図抄に見ゆ、花筵は藺を染て織たる也、暹羅《シャムロ》人の伝なりといへり、拾遺集にながむしろあり、続後拾遺にからむしろ有、まさすけにやまとむしろあり、又さしむしろあり、深縁指《べりさし》筵は四方縁《へり》のつきたるや、又伊勢班《まだら》席あり、神鳳抄に端裏莚あり、類聚雑要に表筵あり。

と、覚えきれぬぐらいの名をつらねている。これですべてを尽しているのかと思うと、『提中納言物語』（よしなしごと）に、「つくしむしろ、みつぶさむしろ、たなみむしろ、なはむしろ」といった名称がずらりと並ぶのだから、名称を追うだけでもひと仕事である。

さて、

きりぎりす鳴くや霜夜のさむしろに衣《ころも》かたしきひとりかも寝む

小倉百人一首で知られている歌は、『新古今和歌集』にある摂政太政大臣藤原良経の歌であるが、これは寝具史に貴重な資料を提供してくれる。まず一人寝が衣片敷《ころもかたし》くという状態であること、したがって二人で寝るときには少なくともそうではないことを教えてくれる。

サムシロは霜夜にかけて寒むと、一人寝にかけて狭筵とよみこんだものである。ムシロが寝具でもあったことはこれにても知れる。

狭筵はまた小筵とも称されたが、これにも『為家卿千首』（雑）に

一夜ねぬあさでかりほすあづまやのかやのこ筵しきしのびつつ

という歌がある。狭筵とともに小筵もまた王朝以来の殿上人のしのびあいにはうってつけの小道具であったかと思われる。『金槐和歌集』（恋）にも

まつ恋の心をよめる

さむしろにひとりむなしく年もへぬ夜の衣のすそあはずして

小筵にいくよの秋をしのびきぬ今はたおなじ宇治の橋姫

とあるし、『東北院職人歌合』（七番）には

うちをける恋のさむしろいたづらにねぬ夜の月にしく物ぞなき

と、同工異曲の歌が多い。

単なる和歌の心得として、語感のよさから選ばれたにしては多すぎる。やはり、一人寝と狭筵（小筵）とは、日常生活の実感としても大方の共感をうるだけの関係にあったものと思う。

絵巻物の中にもサムシロらしきものをえがいた場面がある、「春日権現霊験記」の第九巻に臨終におよんだ老母がわが子を枕元によび出家をすすめる場面と、その子の出家をみとどけて臨終する場面との二個所で、老母がタタミの上敷に用いているものがそれであろう。（図21）

サムシロと共に、寝具史に関係の深いムシロにはウワムシロ（表筵・上筵）がある『大鏡』（五）には、

たたみのうはむしろにわた（綿）いれてぞしかせたてまつらせ給ふ。ね給ふときには、おほきなるのし（熨斗）もちたる女房三四人ばかりいできて、かのおとのごも（大殿籠）るむしろをば、あたたかにのし（熨）なで、そねさせたてまつり給ふ。

とあるが『三中口伝』（三）に

図21　春日権現霊験記
氏家の寝室

上筵事
白唐綾二幅ヲ面ニシテ、濃打タル裏ヲ付テ綿ヲ不久良加《ふくらか》ニ入テ、青地錦ノ縁ヲ四方ニ著《つけ》之、帳台ノ内、上敷畳ノ上敷之、四方ヲ所々閉付也。

とあるのとともに勘案するとその形状がつかめるであろう。綾を面にして四方を錦でふちどりし、打裏をつけて中に綿を入れる。縁は幅三寸ぐらいが普通であったようだ。

　このような例をもってみても、さきに扇面古写経の扇絵にみた敷物をウワムシロとみることは自然であろうと思う。しかし、一般の解説にはあれをむしろシトネ（茵）と説くものが多い。ウワムシロとシトネとはたしかに区別しにくい面もあり、じじつ『類聚名物考』（調度四）には

うはむしろ　上筵　しとねの事なり

と記しているが、どうであろうか、広義に解すると両者はたしかに重複してはいるが、同一の時点では区別があったとみた方がいいようだ。『空穂物語』（吹上之下）に

そのおとゞ（御殿）にふちの花のゐかきたる御びやうぶどもたてわたし、いひしらずきよらなる、おもしろきしとね、うはむしろしきなべて、きんだちつきなみ給へり。

と、シトネとウワムシロを併記しているのも当然である。この場合はウワムシロとシトネとを置きならべたと考えるべきだろう。

例の『雅亮装束抄』（二）「もやひさしのてうどたつる事」には

しとね、ながさひろさよほう（四方）三尺ばかりにて、赤地のにしきのへりのひろさ四五寸ばかりなるを、四方にさしまはして、なかにからあや、もしはかたおりものなどを、へりのうちざまにつけて、そのなかにたてざまにぬひめあり、わたを中にいれたり、うちうらなり、

とある。これが王朝時代以降のシトネの概要であるから、シトネとは、いわば座布団の前身にあたると解した方がいい（『法隆寺資材帳』とか『延喜式』にはいわゆる長茵《ながしとね》に類するものの記述もあるが、王朝以後はむしろ例外とみておくべきだと思う）。

話が中心をそれたようだが、最後にいまひとつ、ウワムシロが夜具として比較的長く伝統を保った例に『婚礼法式』（下）の「夜具之部」から引用しておく。

一、うわむしろ二まい、むしろのへりは、おり物などのたぐひにて取べし、表は畳の表、うらはすゞし也、へりの寸、表は二寸四五分、又三寸にも、うらは見よきやうにあひはかるべき也、上の方はへりを

よことをす、すその方はすみあはせたるべく候、……（中略）一、むしろのふさの色、何にてもする、ただし赤を用べし、長さは五寸、六七寸許にもあるべし、

ウワムシロに房をつけることは普通の史料には見えないから、おそらくは婚儀のため晴の寝具としてつけたものであろう。なお、表（面）に畳の表を使っているのは、寝具としての畳の伝統を想起すれば別に不思議ではない。

絵巻物にえがかれるウワムシロとしては、「春日権現霊験記」第七巻、第二段に、尼僧がタタミ二帖の上に中敷としてこれを使っているし、同じく第五段でも五条局が夢をみる場面に美しいウワムシロが見える（22図）。やや時代が下って室町時代の「星光寺縁起」（上巻・第三段）にも、総ダタミの部屋にウワムシロを敷きのべ、フスマを打かけ烏帽子をつけたまま横臥する人物がある（図23）ウワムシロとフスマの全容がえがかれ、枕・刀・燈台など寝室の全景が俯瞰描写されている点で、なかなかの好資料といえる。

タタミ

タタミはもともと坐臥の用具というよりもむしろ、寝具に比重のかかった敷物であったことはさきにのべた。この点は王朝時代はもとより中世にもかわりはない。ただこの間にタタミの形状が変化して、中世のある時期に、こんにちわれわれの使っている畳とほぼ同じようなものが成立するようだ。

この章でも、「源氏物語絵巻」の中に、タタミに枕をおいて横臥する柏木の場面についてふれるところがあった。平安朝の一般のタタミとはあのようなもので、大きさによって長帖、短帖、狭帖の種類はあっても、特に厚帖《あつじょう》とよばれるものは別として、タタミといえば後世の薄縁《うすべり》のようなものと解して大過はなかっ

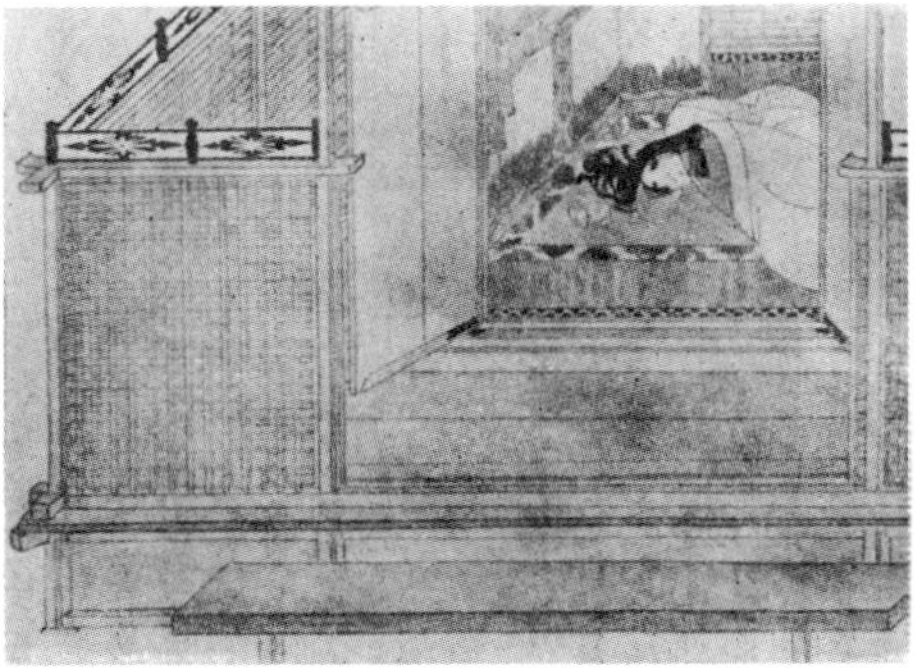

図22　春日権現霊験記
夢をみる五条局

図23　星光寺縁起絵巻

た。

『今昔物語』（巻二十七）に、在原業平《ありはらのなりひら》が懸想していた女性をものせんと、非常手段で盗み出し、無住の廃屋につれこむくだりを

　畳一枚を具して、この女を具してゐ（率）て行きて、臥せたりける

とのべている。好色《いろごのみ》で知られた業平が、今の畳のような重いものをかついでいったのではさまにならないが、かの神武天皇がイスケヨリ姫とデートした時のように薄縁ようのタタミをさやさやと敷きのべたとみれば得心できる。

ふたたび、絵巻物に描かれているタタミに立ちかえってみると、鎌倉末期の「一遍上人絵伝」や「春日権現霊験記」にいたって、ちょうど今日のタタミぐらいの厚みがかきあらわされている。これらの絵のタタミの縁《へり》は、上面と側面それぞれ同じ幅でえがかれているから誰め目にも明らかだ。「一遍上人絵伝」には都合よく、こうしたタタミを持ち運ぶ場面があるが、そのたわみ具合からおよその厚みが察せられる（図24）。とすると、大ざっぱにみて源氏絵巻とこれらの絵巻とをはさむ約二世紀の間に、タタミにひとつの発展があったことになる。

タタミの厚みがいっきょに増した理由はおそらく、後者においては、今日のタタミのように藁の床《とこ》に畳表をとじつけるという構造的な変化によるものだから、これは決して過少評価できない。かなり大きなできごとといわなければならない。ところが、それではいつ頃、どうしたプロセスからこのような変化が起こったかは一向に明らかでなく、またそれに論及した文献も皆無に近い。ただ想像の範囲ではあるが、古代のタタミのほかに、ツカナミといって、藁の束《つか》をならべ編んだ寝具があり、この両者が一つになって中世のタタミへと発展したのではないかと考えることができる。寝具史の上で見すごすことのできぬ問題だから、つぎにツカナミに関する史料を紹介しておくと、まず『方丈記』に

　其家の有様、よのつねならず、ひろさわづかに方丈、たかさ七尺ばかりなり、（中略）束にそへてわらびのほどろをしき、つかなみをしきて夜の床とす。

とあり、『源平盛衰記』（七・信俊下向事）にも

　大納言ノオハスル所へ参テ見タテマツルニ、浅マシク悲カリケル事ガラ也、奇気ナル小屋ニ、垣ニハ土ヲ壁ニ塗廻、戸ニハ藁ノコモヲ懸垂タリ、内ニ差入テ見廻セバ、藁ノ束ト云物ヲ敷て、痩衰タル法師アリ、ヨク〳〵見レバ、大納言入道殿ニテゾオハシケル（注、大納言とは藤原成親のこと）

図24　一遍上人絵伝

とある。「つかなみ」と「藁の束《つかね》」とは同じものとみていいと思うが、これらがいずれも粗末な寝具である点が注目される。『倭訓栞』はこれらの史料を引用しつつ、このように補足している。

　つかなみ　藁籍をいふ、方丈記につかなみを敷て夜の床とす

といへり、束并の義、束藁を席とする也。盛衰記にも、わらのつがねといふ物をしきてといへり、ねごだ是也、　俊頼

あらしのみたえぬみやまに住たれば幾重かしけるとふのつかなみ

とふは藁を組たる体也。とふのすがごものごとし。

ツカナミのことを近世にはネコダともよんでいたようである。

また俊頼の歌に「幾重かし（敷）ける」とあるのをみると、比較的うす手で、それを敷き重ねたものであったことがわかる。

さらに、『袖中抄』（十四）は、俊頼の歌にある「とふのつかなみ」を解釈して

つかなみとて、わらをあみてしく也、わらぐみ、あらしき、ねこがきともいふ。

とのべている。

藁の束をならべ、それを編む、比較的薄手で幾重かに敷きかさねる。そうした条件を考えあわせると、現代のことばで普通にムシロとよんでいるワラムシロに近いものが想像されよう。

これを三、四枚かさね刺しにして畳の床《とこ》とし、これに畳表をつけ、縁どりするとタタミができあがる。

「春日権現霊験記」の第八巻第二段に、大舎人入道という人の邸外の風景をえがいた場面がある（図25）。そこに間口二間の板葺の民家があるが、タタミだけは厚みのあるりっぱなものを使っている。また、この家の外部にも屋根をさしかけた小屋を作って病人が寝かせてある。この病人もタタミを敷いているが、戸板がわりに吊るしてあるスダレは竹やヨシのような素材でなく、もっと柔軟な感じを出しているからあるいは藁であるかもしれぬ。ツカナミとも断定できないが、さきにも指摘した常福寺本「拾遺古徳伝」（図20）

図25　春日権現霊験記
大舎人入道郊外の風景

（一二二三年の成立）にえがかれる二人の乞食が掛けブトンや敷きブトン代わりに使っているものと類似している点を考慮し、研究の材料として指摘しておきたい。

なお、「春日権現霊験記」の建築とタタミの関係に注意をしてみると、縁と建物の内部を仕切る敷居の部分では、タタミの側面をえがいているのに対し、建物の内部の間仕切りでは、敷居の内側も外側もタタミは上縁《うわべり》しかえがかれていない。これは建物の床《ゆか》の高さをきめる際、後の場合にはあらかじめ畳の厚みを計算に入れていたことを物語っている。つまり、タタミが、板敷の床に敷きのべて使用する「置きダタミ」であるかぎりでは、それはあくまでも家具の一部であった。ところがタタミが厚みを増し、しかも、それを部屋一杯に敷きつめる総ダタミの座敷、もしくは部屋の周辺をぐるりと敷きつめる追い囲し敷きというものが生まれると、タタミは建築構造の一部になる。「春日権現霊験記」のタタミは、ちょうどその過渡期の状態をあらわしていると考えられる。タタミが坐臥の具としての古代的性格を脱皮する第一歩として注目されるとともに、それは同時に、寝殿造なる王朝の住宅が、書院造なる近世の住宅へと発展する途上に生じる現象であることに興味がもたれる。

タタミが板敷の上に置く調度である間は、部屋の大きさとタタミの寸法にはそれぞれ自由があった。『延喜式』には、身分によってタタミの大きさが規定されている。一位は六尺×四尺、二位は五尺×四尺、三位は四・六尺×四尺、五、六位は四尺×三・六尺、といった具合である。ところがタタミを部屋に敷きつめるようになると、まず畳の幅を長さの半分にする必要があったし、それにタタミの大きさ自体も一定にしておく必要が生じてくる。そうなるとこんどはタタミの縁の種類によって身分の格差をあらわすようになる。だいぶ時代がさがるが、応永二七年（一四二〇）に著わされた『海人藻介《あまもぐさ》』にはつぎのように記されている。

帝王・院は繧繝端《うんげんべり》なり・神仏前の半畳は繧繝端を用う。この外、実に用うべからざるものなり、大紋、高麗をば親王、大臣これを用う。以下さらに用うべからず、大臣以下公卿は小紋の高麗端なり、僧中は僧正以下同じ。有職か非職は紫端なり、六位侍は黄端なり。諸寺・諸社三綱等はみな黄端を用う云々。四位五位の雲客は紫端を用うなり、

これは公家の社会における方式ではあるが、身分のやかましい武士の社会でもこうした格差はあった。なおその上に間仕切が生じると、上段の間とお次の間とで大きく身分の差が表現された。こうして支配服従の上・下関係は王朝時代にあっては殿上と地下《じげ》にわかたれていたものが、武士の時代には、屋内における部屋の格差によってわかたれることになり、またその部屋の中でも畳の縁（端）とか、畳の敷かれる位置によって細かく分けへだてされることになっていった。こうして畳の目ひとつの違いが身分差ひとつの差になるという、封建社会の作法がうまれる条件が生じたのであった。

第三章　室町時代から現代まで

中世住宅の寝室と帳台構《ちょうだいがまえ》

住宅史の上で、鎌倉・室町時代というのは、寝殿造から書院造への過渡的段階の時期である。学校の教科書などには、平安時代は寝殿造、鎌倉時代は武家造、室町時代は書院造といとも簡単明瞭に叙述されていることが多い。だがこうした割切りかたはたいへん危険で、誤った先入観を植えつけやすいからやめてもらいたいものだ。

そもそも書院造というものじたいが、寝殿造の変化発展した姿なのであって、それが完成するのは桃山時代のことである。だから鎌倉・室町時代は寝殿造が変化発展しつつある時代であり、同時にその基本はあくまでも寝殿造に準拠しているのである。一つの例を足利義満の北山殿（今の鹿苑寺、金閣寺は俗称）にとってみると、それはもともと寝殿造系の建築と庭園よりなる西園寺家の山荘であった。そこに営まれた金閣は寝殿造の邸内にある釣殿《つりどの》にあたるもので、建築構造じたいも王朝風であり、特に一階においては全く寝殿造り風にできている。

このように鎌倉・室町時代の大半は寝殿造の形式を強く伝えているが、応仁の大乱（一四六七〜七七年）で、中央・地方の建築が大量に焼失してから以降には、住宅建築の様式は書院造への傾斜の度を強めている。だから足利義政が大乱後まだ日も浅い文明一五年（一四八三）、京都の東山、今の慈照寺（銀閣寺は俗称）の地に営んだ東山殿は全体として書院造の色彩が濃厚であり、特に銀閣や東求堂《とうぐどう》を書院造とよぶことはもはや誤りとはいえない。また、主要な建築である常《つね》御所や会所《かいしょ》なども、外観や配置には寝殿造の色彩を多分に温存しているが、部分的には書院造の要素が大半を占めている。書院造として「定型化する一歩前の段階」（太田博太郎『日本建築史序説』第四章）といわれるゆえんである。

さて、このような鎌倉・室町時代の住宅、いわゆる中世住宅にみられる書院造の前身的要素に、間仕切《まじきり》の増加という現象がある。舞良戸《まいらど》、杉戸《すぎと》・襖《ふすま》・明《あかり》障子などの建具が発達し、屋内は天井張りになり、小部屋はすべて畳敷になる。また、棚や机なども移動式のものから作りつけに変わってくる。こうした流れのなかで、従来は比較的移動性のあった寝所のシツライも固定化されて、帳台構なる固定的なカマエツケを設置した寝室が出現する。

さきにも引用した文献であるが、『平治物語』（巻下）に

　塗籠の口迄せめ入けれども、美濃・尾張の習、用心きびしき故に、帳台の構したたかにこさへたれば、力なく、長田父子をば討ち得ずして……

とあったように、帳台構とは寝室である塗籠の入口の構造をさしてよんだものであった。

この塗籠はまた、さきにもみたように物置でもあったところから、これを納戸《なんど》ともよび、その入口の帳台構を納戸構《なんどがまえ》ともよんだ。書院造の住宅ではこれが上段の間の横にしつらえられるように定型化し、上段の間に坐る主人や主客の身辺近くに構えてあるところから、いつしか武者隠《むしゃかくし》ともよばれて今日にいたっているが、その内部はもともと主人の寝室であるから、そこに待者を隠すというのは本来の目的ではない。

この辺の事情については伊勢貞丈《さだたけ》の『貞丈雑記』（十四、家作）に、このように叙述している。

　御帳台の事、是れは主殿即寝殿の事御座のうしろにある座敷の名也、其座敷より主殿の御座へ出給ふ所の口

に御帳を垂る丶故、御帳台と云也、御帳とは神前などの御帳の如く、暖簾《すだれ》の如くなる物也、其出口のふすま障子の引手の中に、つぼがねを打ちて、あげまきを組緒にて結び付る也、緒の端にふさあり、これを俗に納戸構と云なり、納戸には調度（調度とは道具の事也）を置く故、御調台とも書也、御調度台の中略也、されども御帳台は、用心の為に兵士を隠し入れおく所也と云は非也、只納戸の心也、兵士などをかくし置べき事は、其主人主人の心によるべし、是法式にて如レ此するという事にてはなし、又帳台は一段高くする也。

ここに、御帳台とは寝室の名称（つまり塗籠・納戸の別称）で、別に御調台ともかかれたこと、帳台構を納戸構ともよぶこと、武者隠しは俗称にすぎぬことが記されている。名称にはいちいち厳密な規定がなく、随時その場に合った呼び名がつけられていくところにも、流動的な中世住宅の様相が反映していたわけである。だが『貞丈雑記』に記される御帳台、つまり帳台構をもった寝室は、桃山以後に定型化したものが念頭におかれてのべられている。われわれの知っている二条城大広間のそれとか、西本願寺白書院のそれのようなものを知っている者の叙述である。だから、このようなものが中世住宅に忽然とあらわれたと考えてはならない。むしろ中世住宅は、王朝時代の御帳《みちょう》が書院造の御帳台へと変身する中間的段階であったとみた方がいいと思う。

それを絵巻の資料にもとめると、「伴大納言絵詞」と「慕帰絵詞」がある。前者は十二世紀の後半にえがかれたものだが、話の主人公である伴大納言の罪が発覚してめしとられた直後、その妻や侍女達が寝室の内外で泣きわめいている場面がある（下巻・四段、図26）。寝室の内には枕が二つと剣、鏡匡があり、フスマにくるまった妻女がわずかに髪の毛の一部をみせている。寝室の入口は敷居が一段高く、入口の幅も小壁をつけて狭くしてある。内部は畳が敷きつめてあるが奥の方はかかれていない。入口の上半分も紙面の関係でえ

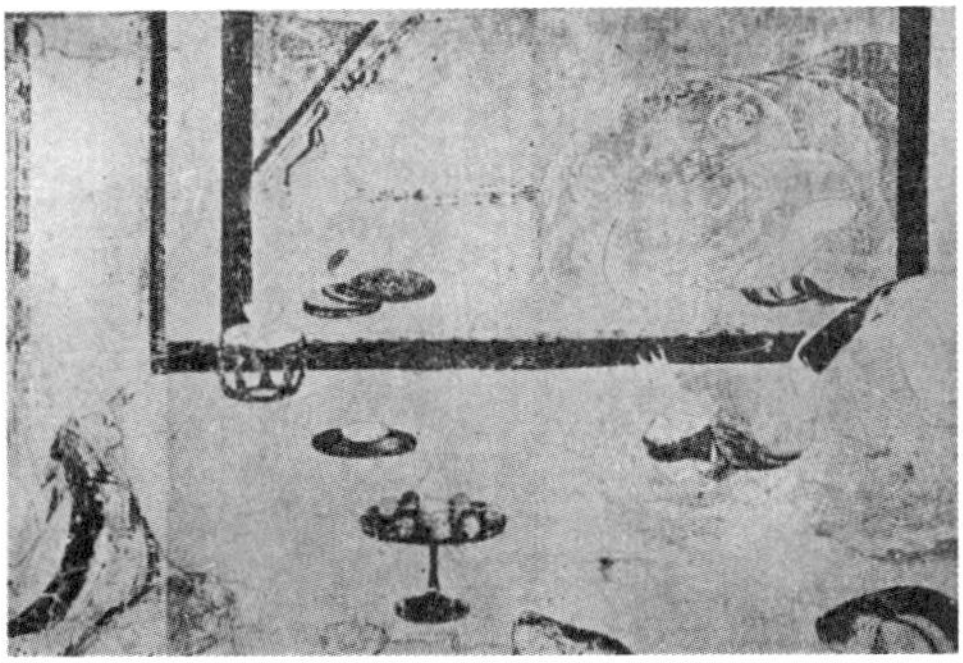

図26　伴大納言絵詞
大納言の寝室（塗籠）

がかれていない。このように寝室の入口がちらりと見えている程度であるから、帳台構があったかどうかはわからないが、伴大納言が王朝時代風の御帳で寝ていなかったこと、少なくとも塗籠もしくは納戸とよばれる寝室で寝ていたようにえがかれていることは確かである。

後者（「慕帰絵詞」）は、はるかに降って十四世紀中頃（一三五一年頃）に成ったものだが、ここにはいかにも塗籠とか納戸とよぶにふさわしい頑丈な寝室が俯瞰的にえがかれている（図27）。図の左下の小部屋がそれであるが、この場合は入口の鴨居が低く、幅も狭い。ちょうど茶室のにじり口のような感じで、寝所の防備としてはうってつけの構造である。だが、ここにも帳台構のような装飾的要素は全くみられない。

この辺の事情について文献史料をあたってみると、藤原長兼の日記『三長記』には、建久九年（一一九八）に後鳥羽上皇が石清水八幡《いわしみず》に御幸されたとき、御所のしつらいとして、北庇に「帳代」を設けたとある。また、広橋経光の日記『民経記』には、寛喜三年（一二三一）に、若宮の寝所として北面の「東向帳代」を北向に改造したことが記されている。これらの日記に「帳代」とあるものについては、太田博太郎氏はつぎのようにのべておられる（太田博太郎『書院造』八四〜五頁）。

当時、帳の下の台は帳台あるいは浜床《はまゆか》とよばれていて、まだ帳を帳台とはいっていないので、この帳代は帳台の宛て字ではなく、対《たい》の屋《や》の簡略化したものを「対代」といったと同じく、「帳の代り」という意味である。『民経記』の記載でみると、向きを改造したというのであるから、移動できる帳ではなくて、固定されたものであることがわかる。

これは重要な指摘である。つまり王朝時代の御帳台は、極めて高貴なひとびとの寝所であって、一般の貴族達は台（浜床）のない帳に寝ていた。だから、王朝時代の御帳台が書院造の帳台の原型であると考えることには無理がある。

といって王朝時代の帳が書院造の帳台の原型であるとすると言葉の上に無理が生じる。ところが、太田氏の説を加味すると、帳→帳代→帳台→帳台構という言葉の変遷がスムーズに了解される。と同時に、さきにあげた「伴大納言絵詞」とか「慕帰絵詞」にえがかれる寝室は、塗籠でありながらも、時として帳代とよばれてもおかしくない。だから帳代（帳の代用）としての塗籠が一般化して、もはや往時のような帳と帳台についての階級的格差を強く意識しなくなった時点に、帳代が帳台と書かれるようになり、その入口の装飾が帳台構と称されるにいたったと解すると、はじめて話の筋書きができあがる。

図27　慕帰絵詞　塗籠

十三世紀中頃に成立した『源平盛衰記』（十九）の文覚発心のてんまつを綴る名高い場面も、帳台が舞台になっている。

女（源渡の妻袈裟のこと）暇ヲ得テ家ニ帰（中略）夫ヲバ帳台ノ奥ニカキ臥テ、我身ハ髪ヲ濡シ、タブサニ取テ、烏帽子ヲ枕ニ置、帳台ノ端ニ臥テ、今ヤ〳〵ト待処ニ、盛遠夜半許ニ、忍ヤカニネラヒ寄、ヌレタル髪ヲサグリ合テ、唯一刀ニ首ヲ斬リ、……

斬り取った首を家に帰って改めてみると、何と自分が懸想していた袈裟の首、彼女は夫と盛遠の間に狭まれて苦悩したあげく、自分が夫になりかわって盛遠にその首をとらせたのであった。

ここに帳台とあるのは、いうまでもなく、「伴大納言絵詞」や「慕帰絵詞」でみた寝所のことに相違ない。さきに引用した『平治物語』には「帳台ノ構シタ、カニ……」と。さらに帳台構の名まで使っているが、これは前の章でのべておいたように（第二章の二）、流布本の表現であって、古い金刀比羅宮本では単に「経居《つねい》ノカタヘ走リイリタレバ、長田ハニゲテウセニケリ。」とあって塗籠の名も帳台構の表現も使われていない。こうした文学書の場合には、長い期間にわたり人から人へと語りつがれてきた間に、その時代時代に順応して、わかりやすい当代語に変更してしまう点を考慮に入れておく必要がある。これなどは、書院造が一般化した時代に、その時代の建築構造に合わせて字句を変えた具体例である。だから『源平盛衰記』の表現にもこうした条件を考え合わせてみる必要はあるが、この場合は寝室を帳台とよんでいる程度にすぎないから、資料をてらし合わせて不合理はなさそうである。

このように現存する文献や絵画の資料をさぐっても、鎌倉時代は帳台の構なるカマエツケができてくるにはまだ時期が早すぎるといわねばならない。そうなると、『家屋雑考』（二）に紹介されている次の史料が重みを増してくる。

後花園帝、義教将軍の御所へ行幸の時は、寝殿の御帳台を以、夜の御殿《おとど》とせらる。御帳台黒漆金蒔絵菊唐草、御障子の絵桐竹に鳳凰、御帳台の引物には、青地金欄を用ひらる。平組の緒五筋ありて、半を褰げらる。……

これは「その折の御記にくはし」とあるから出典は当時の日記によったものであろう。ここに御障子とあるのはカラカミの障子とか襖障子つまり襖のことである。したがってこれが王朝風の御帳台ではなく、いわゆる帳台構の説明であることは明らかだ。ところで、後花園天皇が将軍義教の御所へいかれたというのであるからこれは十五世紀の三〇年代のことである。応仁の乱まであと三十数年という時期であるからこの辺りで帳台構が出現してもおかしくはない。

室町時代の就寝風俗

『家屋雑考』（二）には「宗五大雙紙」なる文献によったとして「室町将軍の御寝所のさま」をこのように描写している。

　公方様の御寝所には、御座《ござ》をしかれ候（御上《あげ》畳をいふ）、其上に御莚《むしろ》をしき申され候、御莚は縁《ふち》織物、裏には生絹のきぬ付候、表は常の筵、御とのゐもの、御小御衣《コオソ》二つの置き申され候、御枕常の如し、黒く塗り候なり。かまち同前、一方には貘《ばく》といふ獣を画き申候、夏は薄き小御衣一つ置き申され候……

　現代の敷ブトンにあたるものは、いぜんとして上畳《あげたたみ》と表莚《うわむしろ》で、王朝時代とたいしたかわりはない。しかし、掛ブトンにあたるものに小御衣《こおぞ》がある。これは『貞丈雑記』に「おんぞとは小寝巻の事他、常の小袖の形にて、ゆき、たけを長くするなり」とある。王朝時代ならばさしづめフスマ・ヒタタレ衾・ヒタタレ、夏なれば単衣《ひとえ》とあるところであろう。小袖はもともと袿《うちき》の下に着る袖口の狭い下着のことであったが、室町時代にはすでに表着となって、あの能衣裳のような見事なものも生まれている。この点に時代の流れをみることはできるもののまだわれわれの寝具とははるかに遠いものであったことがわかる。

図28　福富草紙（貧乏）

図29　福富草紙（長者）

なお枕に貘《ばく》の絵をえがくのは悪い夢を喰わせるためで、悪夢をきらう風習そのものは上古からあり、王朝時代には夢違《ゆめちが》えの信仰にまで発展している。

室町時代の庶民の寝具風俗を垣間見るには妙心寺春浦院の「福富草紙」が良い例である。これは貧しい老人が放屁によって妙なる音をかなでる特技からたちまち富み栄えるという。室町時代の出世譚すなわち御伽草子の典型であるが、そこに貧しい老人夫婦が一間四方の小さな家で、薄いフスマにくるまっている場面（図28）と、彼らが一躍長者となってりっぱな置き畳の部屋に、夫婦がそれぞれ直垂ブスマに小袖姿で寝物語をしている場面（図29）との二つの情景がある。

貧しい民家での就寝風俗を絵にかいたものには、さきに紹介した「春日権現霊験記」（第八巻第二段）があったが、あの場合の寝室も畳二枚が一杯の部屋であった。また、裕福になってからの老夫婦の寝室は、板敷に置き畳である点が興味をひく。それは鎌倉時代の「西行物語絵巻」（徳川本、妻に出家の決意を語る場面）（図30）とか「病草紙」（関戸家本・不眠症の娘の寝室）（図31）とほとんどかわらない。この時代の上級社会では、すでに小部屋は総畳が普通になっているが、裕福ではあっても庶民にはタタミ二枚がせい一杯（高価のため）でまだ板敷の家屋から脱皮していなかったことを物語るのであろう。

同じ室町時代の絵巻としては「道成寺縁起」(下巻)に二個所、僧が衣にくるまって横臥する場面(図32)があるが、やはり板敷に置き畳である。

貧乏時代の夫婦はタタミ二帖が一杯の部屋に寝ている。もっとも、この時代になると、上にのべたように藁床《わらとこ》をつけた今日の畳と同様の畳が出来て、上流社会に普及している。そのため、古い形の薄畳のことを、筵《むしろ》とよんで区別した形跡がある。これは室町時代の借家の家賃を畳の数で割出しながら、それを「筵わり」とよんでいることからも想像できる(伊藤鄭爾『中世住宅史』第二章)。だからこの場合の老人夫婦の寝室は筵二枚敷きつめの部屋といった方がいいかもしれない。ところで、当時ようやく畳・筵の大きさが長さは六尺三寸～五寸、幅はその半分に固定しつつあり、つまり畳の長さを一間とする規準ができてこれが建築の規

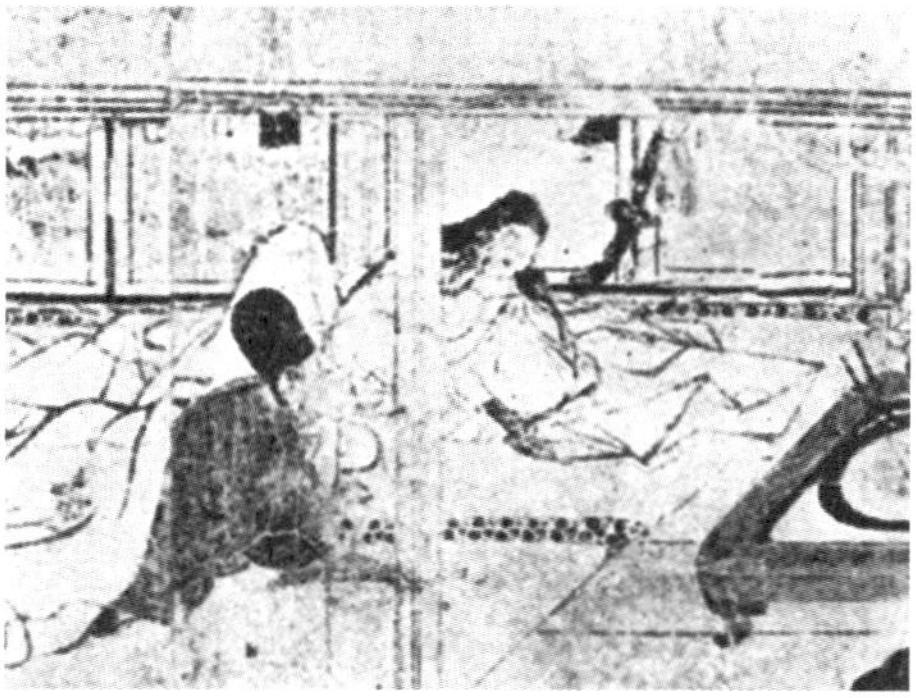

図30　西行物語絵巻(徳川本)
夜中に出家の決意を妻に語る西行

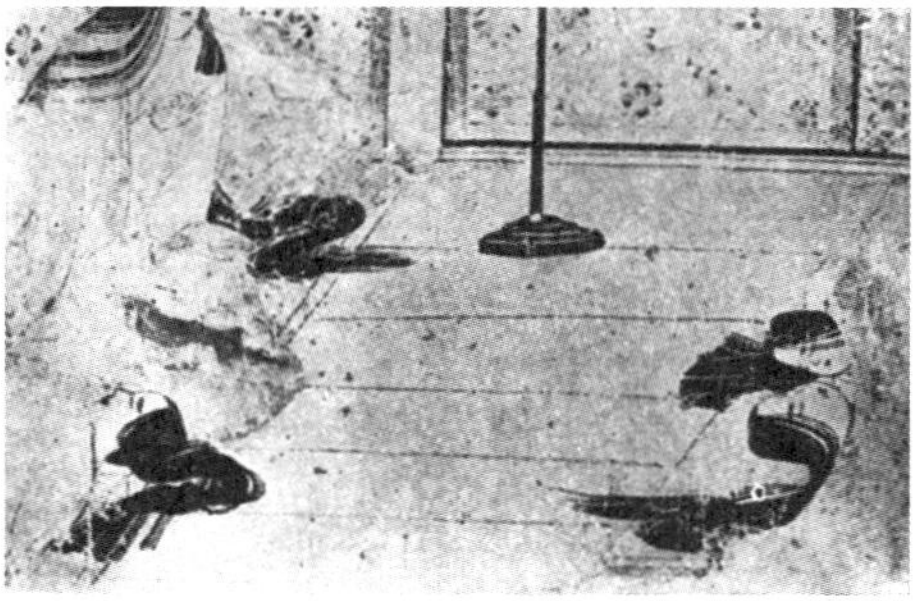

図31　病草紙(関戸家本)
不眠症の娘の寝室

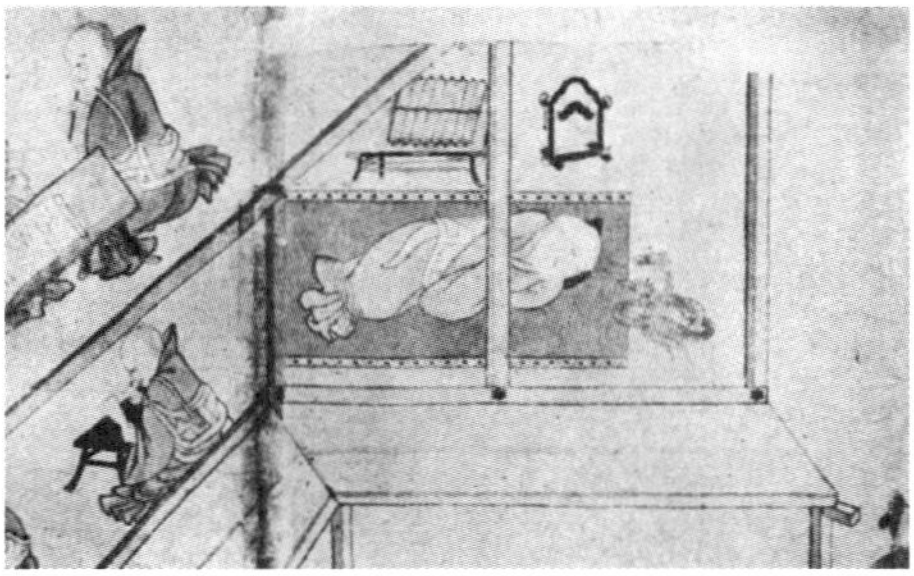

図32　道成寺縁起

準に発展していった。してみると筵（畳）二帖を敷きつめた部屋は、つまり一間《ひとま》四方の部屋であるが、こうした一間四方の寝室が、町家や農家の寝室の規格として普及したところから、寝室のことを「一間どころ」ともよぶ風習が生じてきた。

そうした習わしが文学の上に反映している例を同じく御伽《おとぎ》草子の『猿源氏草紙』のつぎの文面にみることができる。

その時天女静かに起き、左衛門が小袖をとり、天女これを着給ひて、左衛門が姿をまねびて臥したりけり。盛遠は約束の如く、宵より忍び入りて、一間所を見ければ、油火幽に掻き立て、左衛門と思しくて、前後も知らず臥してあり。盛遠腰の刀を引抜き、首を打落したりと思ひつゝ、忍びて宿に帰る。

……

これは前に引用しておいた『源平盛衰記』の文覚上人発心のてんまつが、室町時代の大衆文学では換骨奪胎されて、当時の風俗用語に書きかえられている例である。鎌倉時代の「帳台」から室町時代にいたって「一間どころ」と、庶民の寝室の実情にあわせて新しい名称が生じてきたことが裏書きされている。また、寝衣として小袖が用いられていることもこの時代の風俗の特色といえよう。

もう一度「福富草紙」の寝室に話題を帰して、長者になった老人夫婦の寝室には、画面の左手に地袋のついた棚がえがかれている。棚の上には茶道具が飾られているから、これは茶湯棚といっていいものであろう。さきにも述べたように、寝殿造が発展して書院造に接近してくると、移動式の調度類が固定化して構えつけに変様する。それは棚の場合も同じであった。だからこの老夫婦の寝室に固定式の棚がある点はたしかにこの時代の特徴といえる。ところがこの棚と同時に床《とこ》の間も固定化されてきた。それはもとは押板といって、その歴史は棚ほど古くはないが、鎌倉時代の「慕帰絵詞」などではまだ移動式の調度としてえがかれている。これが室町時代には固定化してくる。そうなると床と棚の固定した部屋では、床の間が部屋の上席のシンボルになってくる。

『鶴の翁』という御伽草子にはこのような叙述がある。

さて、北の方を覚しきは、一間高き所に、練絹の厚物に、紅葉をぬふたる紅梅のしとねの上に、床の方を枕と取りて、ふし給ふ、源太夫はさるものにて、御前近き燈火二つ三つ消し、抜き足して北の方の両のわきへ手をさし入れ……

これも話のてんまつは原書にゆずるとして、ここでは北の方が床の方に枕をとって寝ていることに注目しておこう。

われわれも、床のある和室で寝るときには、当然のように床を枕に休むわけだが、そうした風習もじつは書院造が生んだ習わしであったわけだ。それともうひとつ、床に関して想起されるのは第一章の上古・上代の寝具であった床との関係である。その場合にもくわしく論述したように万葉などにでてくる床とはやはり木製のベッドであった。

つまり万葉の時代には天皇にもベッドがあったが、庶民もベッドを使っていた。それが王朝時代のベッドである御帳台（浜床）ではもう特定の貴人のみの占有物になっていた。そうした床という言葉の意味も忘れられた中世になって、こんどは床の間を床ともよぶようになるのである。

話は一歩先きに走ってしまうが、桃山時代になると万事にはで好みの太閤秀吉はベッドを使うようになるのだが、もうこれを床とはよばないで「寝所之台」とよんでいる。こうして床という言葉は、上古上代の場合と、室町を境にした近世以降の場合とで、全くその内容を異にするようになるのである。

安土桃山時代の寝具

秀吉のベッドと寝具

現代の和風住宅は書院造りの伝統をつたえたものであるが、その書院造りが完成するのは安土・桃山時代のことである。とすると、畳の上にフトンを敷いてねる風俗も、もうこの辺で現われてきてもいいような期待をもつのも当然ではなかろうか。しかし、実際の歴史ははたしてそのような期待通りのものであったかどうか、まずは豊臣秀吉の寝室を観察することからはじめたいと思う。

天正一〇年（一五八二）の六月、本能寺の変によって織田信長があえない最後をとげ、豊臣秀吉は明智光秀を討ちとって、たちまち群雄の長としての地位をかためた。そしてそのあくる年、天正一一年九月には、早くも大阪城の築城がはじめられ、いらい三十余国から数万の人夫を動員し、三年の歳月を費してこの城は完成した。得意の絶頂にあった秀吉は、大阪を訪れる諸侯や使節の先頭に立ってみずから案内役を買ってでるほどであったというが、天正一四年の三月に九州から上阪した大友宗麟《おおともそうりん》（宗滴）も新築早々の城内をつぶさに見学した一人であった。

『大友宗滴上坂日記』によると、宗麟は、四月五日に城内で歓待をうけ、本丸の鉄《くろがね》の大門をふり出しに、黄金の茶室、本丸内部、西の丸の大奥、山里丸の茶室、そして九重の大天守閣へと案内された。その間に、秀吉自身の寝室とその隣りにあった北の方の寝室もみせられた。

御寝所の体《てい》、一、御寝所之台、長サ七尺程、横四尺程モこれあるべく候哉、高サ一尺四、五寸程、しとねには猩々緋《しょうじょうひ》、御枕ノ方には黄金にて色々ノほり物、なかなか申すべき様もこれなく候。九間にて候、御枕ノ方ニ、御笈アリ、黒染、金物黄金、なかなか目を驚かせ候。その上に御長刀アリ、夫《それ》ヨリ外《ほか》ニ武具なし。違棚は梨地、金物黄金、ほり物かがやき渡り候条。なにとも見分けざる様に候。其次六間の御寝所有り。これも台など八同前ナリ。

唐織物の夜の物あまた、たたミ置かれ候。御小袖なども多く候。（原文はカナ混りの漢文）

秀吉の寝室は九間（一八畳）、ここに寝台があった。長さ七尺程、幅四尺程、高さ一尺四、五寸程というから、小男の秀吉にしては大きなベッドをあつらえたものである。ベッドにはクッションがあったかどうかはわからないが、シーツの部分に猩々緋（綿羊の毛で織った赤色の手織、つまり赤のラシャ）がのべてあった。隣室にも同様のベッドがあり、これには「唐織物《からおりもの》の夜の物」と「小袖」とがいくつもたたみあげてあったという。唐織りの模倣は天正頃から行なわれたというが、ここにあったのは中国から渡来した舶来の生地を指しているのであろう。

大友宗麟をひきつけたのは、派手なベッドと猩々緋の敷き物、豪華な文箱《ふばこ》や違い棚、それに華麗なる唐織物であった。だが、これを寝具史の上からみてみると、しとねに舶来の毛織物を使っている点をのぞくと、ほかにはとりたてておどろくほどのものはない。

ポルトガル人を介した南蛮文化が桃山時代にもたらした影響は、われわれの常識をはるかにうわまわるものがあったことは、フロイスやロドリーゲスの書簡からくみとることができる。たとえば、天正末年には諸侯はカッパとかシャペウ（帽子）とかカミーザ・ダワノ（シャツ）とかカルサ（ズボン）、あるいはメリアス（靴下）といった南蛮衣装の一揃をもっていたし、秀吉にいたっては、家臣にポルトガル衣裳をつけさせたり、自ら牛肉を食べてみたりというほどの傾倒ぶりであったという。してみると、秀吉の寝室における舶来品は織物だけではなくて、寝台もあるいはそうではないかと疑われるが、この文面だけでは、それが日本古来のものか、中国風のものか、ないしはポルトガル人のもたらした南蛮ものかの判定はつけられない。また、たとえこのベッドが従来にない南蛮わたりのものであったとしても、あとの歴史にはほとんど何の影響もおよぼさずに大阪落城とともに消失してしまったことになる。してみると、あれほど独創的な秀吉も、こと寝具史の上には大した功績をのこさなかったとみるべきであろうか。

夜着という言葉の発生

桃山時代に出現する新しい寝具の名称に夜着《よぎ》がある。

われわれは、上古いらいの寝具にフスマのあったことをあとづけてきた。また一方では、寝殿造が変容して書院造に近づく過程で、調度であった障子が発展して建具としての襖障子ができ、それがやがてフスマとよばれるようになることも知っている。とすると、寝具のフスマ（衾）と建具のフスマ（襖）との、言葉の上での混同はどのように処理されたかが、つぎにひとつの問題となってくる。

この疑問に答える新しい寝具の名称が夜着であって、この名称は、奈良興福寺の子院であった多聞院《たもんいん》の日記（『多聞院日記』四六巻）の永禄八年のあたりから散見されるようになる。

〔永禄八年（一五六五）九月八日条〕

一、今井よりカマ三ツリ上セ、夜着二ツ下す可き之由申さるゝ間、則取出し下し了ぬ

〔永禄十年（一五六七）六月七日条〕

法隆寺へ道具遣す、一、ヌリヒツ（塗櫃）一カ　一、ヘリサシ（縁刺筵のこと）一帖一、ハントゥ（飯銅）一内ニハ釜以下入　一、大皮子（皮籠）一内ニ夜着ノワタ、火鉢ノタヰ（下略）

〔永禄十年（一五六七）八月廿九日条〕

モンメン夜着のウラ

〔永禄十一年（一五六八）二月八日条〕

東大寺長勝房より、折敷・櫃以下取に来たる間、折敷大小廿枚、夜具一　こふくめ（小服綿）一渡了

〔永禄十二年（一五六九）八月八日条〕

一、ワルキ夜着洗濯了

〔元亀元年（一五七〇）八月八日条〕

一、夜着洗濯仕合見事、漸さむくなり、沈思々々

このように夜着ということばがでてくるが、それがどのようなものかはこの文面だけではわからない。だが、江戸時代にはいると夜着は一般の用語としてさかんに使用され、その形は襟袖のついた直垂《ひたたれ》フスマの類であることははっきりしている。また、江戸時代の随筆である『三省録』に

夜着のこと、慶長・元和のころより専らにすと云ふ。

とあるところをみると、桃山時代も後期には江戸時代におけると同様の夜着がすでに専ら使われるようになったことをいうのであろうから、『多聞院日記』の夜着がそのさきがけであることはまず疑問の余地がないものと思われる。

してみると、建具のフスマ障子を単にフスマとよぶことが一般化されるのと平行して、寝具のフスマにはヨギの名があたえられ、これが桃山時代の中頃を軸にして入れかわったと考えていいのではないだろうか。なお、上記の『多聞院日記』には「夜着のワタ」「モンメン夜着」の語がみえる。これによると、夜着にはワタを入れたこと、また、夜着の材料にはすでに国内で生産されつつあった木綿（コットン）を用いるもののあったことがわかる。

シキフスマと紙衾

桃山時代には新しい寝具の名称として夜着《よぎ》が出現した半面、同じく新語としてシキフスマという言葉が使われた。これもまた『多聞院日記』に散見するので左に列記してかかることにしよう。

〔永禄十年（一五六七）九月十四日条〕
一、敷衾修補了《しきふすましゆうほしおわりぬ》

〔天正二年（一五七四）十月廿四日条〕
一、敷フスマ新調了、古物、少太郎ニキセ引破了、思出し落涙了

〔天正十一年（一五八三）十二月十九日条〕
一、夜物《よるもの》ノウラ補修、シキフスマモンメンニテ申付之

寝具でフスマといえば、これは上掛けの夜具つまり現代の掛けブトンにかぎられていた。そのフスマの言葉も、建具のフスマ（フスマ障子）との混同をきらって他を転用しつつあった時代に、今までになかった敷フスマなる新語があらわれてくる。これをわれわれはどのように理解してよいものだろうか。

まず『多聞院日記』にみるかぎり、古物を少太郎にキセたというのであるから、筵やタタミのようなものでなく、もっと柔軟なものとみてとれる。また一方にわざわざモンメンニテ申しつけたとあるからには、普通は木綿とは違った材質のものであったと考えられる。しかも絹であるならば従来のウワムシロかシトネの用語でことたりるから絹布でもない。しかも、少太郎にキセたところ引破いたというのであるから比較的弱いものと思える。とすると、ここに思い合わされるものは紙である。そして芭蕉が旅で愛用した紙衾が関連して浮かんでくる。

芭蕉の門人、竹戸の句に、「題衾四季」と題して

花の陰昼寝してみん敷衾
虫干のはれにかざさん衾哉
長き夜のねざめうれしや敷ぶすま
首出して初雪みばや此衾

というのがある。この衾は、芭蕉が奥の細道の旅の途中、出羽の最上《もがみ》の庄で人からもらった紙衾であった。芭蕉はこれをたたんで背負ってもち歩き、旅をおえて美濃大垣に帰りついた際に孫弟子の竹戸にあたえたものであることを、みずから「紙衾の記」に書き記している。この紙衾がかりに長四角の紙のフスマであったとすると、この句のように敷フスマともなりまた掛けて寝るフスマにも使用できたであろうと解釈される。だがそれにしても敷フスマの用語は不合理といわねばなるまい。

こうした疑問を解くカギは、じつは『守貞謾稿』の渋紙敷衾売《しぶがみのしきぶすまうり》について記したつぎの一文にあるようだ。

反故三四重を大形に製し、柿渋をひく、或は諸物を遠所に贈る者用レ之つつみ、或は畳上に布て蘸を除

き、又は衾下に敷きて蚤を除く等に用ふ。故に敷ふすまの名あり、専ら夏月のみ売レ之。……

このように敷衾は多目的に利用できる紙製品で、形は四角四方、大型で丈夫なものであるから夜具の下に敷いて蚤のはいるのを防ぐことができるというものだが、したがって「少太郎にキセた」とあるごとくに、上掛けとしても用いることができたわけであろう。と同時に、敷フスマは敷ブトンの異称ではなく、夜具の下敷ともいうべき別の寝具の称であったことがわかる。

つぎに紙衾についてだが、木綿以前の時代には、強度はともかく、保温の点に勝れた紙の衾は重宝なものであったようだ。たとえば『古今著聞集』の中に、

横川《よかわ》の恵心僧都《えしんそうず》の妹、安養の尼のもとに、強盗入《いり》にけり。ものどもみなとりて出にければ、あまうえは、紙ぶすまといふ物ばかりきて居られたりける。

という話を記載している。この話は『十訓抄』や『古事談』にものっているが、事実とすれば藤原中期のできごとである。

また、『平家物語』の小原御幸《おはらごこう》の条にも

御寝所と思《おぼ》しくて、竹の御竿に麻の御衣《おんぞ》、紙のふすまなどかけられたり

と記されてある。

古代、中世を通じて、紙はまだまだ貴重なものであったから、保存を要しない書状などは裏返して、日記や写本に利用したものであった。したがって紙子《かみこ》（紙製の衣服）の類もむしろ貴重品であったとみてさしつかえない。紙子は現代でも東大寺の修二会（お水取り）の際に用いられているが、寒風を防ぐ保温衣料としてはたいへんすぐれているそうである。しかし汚れやすく、ながもちしない弱点を柿渋などで補うと使い心

地が悪くなる欠点がある。

紙のフスマはまた、旅行用の寝具としても用いられた形跡がある。『曽我物語』には

さるほどに、二人はうちつれだち、麻の衣、紙の衾を肩にかけて諸国を修行し云々

とみえているし、芭蕉が紙衾を背負ってする放浪の旅をつづけたことはさきにのべた通りである。

もっとも芭蕉の紙衾には孫弟子の竹戸に「題衾四季」なる句があって、この句をみてみると敷衾と衾の名が交互にみえている。さきにはそれを一枚の紙衾を衾と敷フスマの両用に使う場合を想定して解決したわけだが、かりにそれが別々のものと考えると、竹戸はうわ掛け用の紙衾と敷フスマとを芭蕉からもらったということになる。いずれが正しい解釈かは手許の材料ではわからない。その点は読者諸賢の御判断にまかすこととして、竹戸が「ハレにかざさん」と喜んだのは、それが尊敬する芭蕉の紙衾であったからで、この時代にはすでに紙の生産力は飛躍的に向上していたから、すでに紙衾は手近かな寝具となり、むしろ質素にあこがれた芭蕉にふさわしい小道具であったことを付言しておきたい。

フトンの歴史

蒲団の出現

近世における寝具史上の大きなできごとは、何といってもフトン（蒲団）の出現とその普及という現象であろう。だが、このフトンなるものは、もとは寝具でなかったことを心に留めておく必要がある。

今日ではフトンのことを蒲団とも書きまた布団とも書くが、布団は比較的後世の当て字である。本来は蒲

団と書くが、それは蒲《がま》を材料とした円形の敷きものであったからである。

蒲団ということばが日本の文献にみえる最古の史料は、おそらく道元の『正法眼蔵』（第十一坐禅儀）であろう。それには

坐禅のとき、袈裟《けさ》をかくべし、蒲団をしくべし、蒲団は全跏《ぜんか》にしくにはあらず、跏趺《かふ》の半ばよりはうしろにしくなり。しかあれば、累足《るいそく》（両足を交叉している部分）の下は坐蓐《ざにく》にあたれり、背骨の下には蒲団にてあるなり、これ仏々祖々の坐禅のとき坐する法なり。（原文は漢文）

とある。つまりここにいう蒲団とは坐禅のとき、禅僧がお尻の下にあてがう小型の坐蒲団であった。それはふつう、径一尺二寸、周囲三尺六寸の円型で、中にパンヤなどを入れて弾力をもたせたものであったらしい。

『貞丈雑記』（八・調度）には

蒲団と云は、円座の事なり、蒲と云草の葉にて、団く組みたる物ゆゑ、蒲団と云ふなり。今の世、褥《しとね》のことを蒲団といふはあやまりなり。

と記しているのは正しい意見といえる。だから、『近代世事談』（一）に

或人云、〟ふとんは蒲にて作りたる円座也、今云ふとんにあらず、今のふとんは衾といふもの也〟と云り、左にあらず、やはり蒲団也、木綿わたらざる以前は、庶民の冬の衣服には、布に蒲蘆の穂わたを入れきたり、よって布子の名あり、蒲団また同じ、蒲の穂を団て入る、よって蒲団の名あり、

と論じているのは、もちろんあやまりである。もっとも蒲の穂ワタをまるめてフトンの中味に使った事実はあるようだが、それは例外的な事例であり、もちろん名前のゆらいとも無関係であった。話のついでだが、現代でも、フトンのことをなぜ蒲団と書くかという理由がわからないまま、布団、蒲団の字が混用されるこ

とが多いし、じっさい問題としても、禅坐の用具であった蒲団と、江戸時代このかた寝具として一般に使われてきた蒲団とは、同じ字でよばれるにはあまりにも違いが大きすぎる。寝具のフトンには、布団の字をあてておく方がまだしも穏当ではなかろうか。

話がわき道へそれてしまったが、寝具としての蒲団が出現するのはいつ頃からか、その辺のいきさつをさぐるために、もうしばらく「蒲団」の用法について考察をつづけてみることにする。

東福寺の禅僧で歌人としても高名な正徹が、応永廿五年（一四一七）に書いた『なぐさめ草』に

> 予が躰たらく、禅録をあがめをくべき机には、和歌の抄物を重ね、ふとんに座すべき床の上には、枕双子を携へて横たはりふせり。

と記しているのはどうであろう。ここには、ふとん・床・横たわり臥す、などの言葉がでてくるから、うかつに読むと、寝具としてのフトンの用例かと誤認しやすいが、これも注意して読むとそうではないことがわかる。ここには「ふとんに座すべき床の上には」とあるように、禅僧は、床《しょう》とよぶ台の上に、座具としての蒲団をおいて、坐禅をくむのである。だから、正徹は禅の語録をそっちのけにして、机の上には和歌の本をおき、蒲団をおいて坐禅すべき床の上で、枕草子をたずさえて横そべっている。という自分の身を自嘲的に描写しているにすぎなかったのだ。

この『なぐさめ草』より二十数年のちにできた『下学集』にも、「蒲団」という文字は、衾などの語を記している「絹布門」にはなくて、「器財門」の中に掲載している。しかも、

> 柱杖《シュヂャク》、払子《ホッス》、竹篦《シッヘイ》、助老《ジョラウ》、禅板《センハン》、蒲団《フトン》、瓣香《ヘンカク》　以上ノ七種ハ禅家ニ用ル所ノ具足ナリ

とあるから、この蒲団もまた坐禅の具にすぎないことは明白である。

さらに、その後なお六〇年ばかりの文明一八年（一四八六）、周防《すおう》（山口県）におもむいて雪舟のアトリエである天開《てんかい》図《ず》画楼《がろう》を訪れた東福寺の僧了奄桂悟《りょうあんけいご》は

老人（雪舟のこと）竹椅、蒲団を侶となし、掃地、装香を課となし、花を採り水を汲む

と記しているが、この場合の蒲団も寝具でないことは明白であろう。

つぎに、永正七年（一五一〇）頃に書かれた『松帆浦物語』に

……あな、いとおし、などいひて、庵の内へよびいれぬ。あはれげにすみなしたり。達摩《だるま》大師の画像一幅かけて、助老《じょろう》、蒲団、麻の衾ばかりうちをきたり。

とあるのはどうであろうか。麻の衾はいうまでもなく上掛けの寝具の称であるから、蒲団も寝具のように誤解しやすいが、これはやはり上に助老という、坐禅などのときに僧のもちいる脇息の類の名があって、これにつづいて蒲団と書かれている以上、やはり坐具と解しなくてはならない。

このように、いちいちの例について検討してくると、鎌倉・室町時代の文献に見える「蒲団」の用例は、すべて坐具であって、寝具としてのフトンはついに発見しえないのであった。

寝具としてのフトンの出現

では、寝具としてのフトンがわが国の歴史にあらわれる最初はいつ頃のことであろうか、それは、さきに寝具としての「夜着《よぎ》」のさきがけを記した史料として紹介した『多聞院日記』の天正二十年（一五九二）三月廿八日の条に

千松、夜寒之由申ヲスノ間、フトンを遣シ了ヌ。

とあるものと思われる。

『多聞院日記』にみえる夜着は、さきにも記したようにおそらくは上掛けの寝具の称であろうから、ここにみえるフトンは、これまた江戸時代初期（関東では江戸時代を通じてだが）の一般的用例である敷き夜具の称かと推察されるが、もとよりこの一例のみでは決定できない。

なおこの年代とかなり接近した慶長六年（一六〇一）五月一四日のことを記した『鹿苑日録』の文中に

臥具之綿子を持遣ナリ。

という記事がある。綿子というのは、真綿製のチャンチャンコのことをよぶこともあるが、この場合は臥具之とあるから、むしろ寝具に入れる木綿ワタのことではないかと思われる。もしそうであれば、これは木綿ワタのはいった寝具の存在を記した最初の史料ということになる。しかしこの臥具が、はたしてフトンにあたるかどうか、この史料のみで速断することは軽率であろう。

江戸時代も初期の寛永ごろになると、フトンの用例はにわかに豊富になってくるが、その中でももっとも顕著な例として、寛永の三筆の一人とうたわれた松花堂昭乗《しょうかどうしょうじょう》の『財産目録』にみえる寝具を紹介しよう。

まず「滝本坊道具」として

夜　物　覚

一、とんすノあかうら　壹ツ

一、しゅちんノあさきうら　一ツ

一、あさきどんすノむらさきうら　一ツ

一、けんのあさきうら　一ツ

一、白とんすノあさきうら　一ツ　良学へ遣物

一、かんとうノおりもの（うす紫）　一ツ

一、もゑきノりんすあかうら　一ツ

一、あさきりんすむらさきうら　一ツ　京

一、とんすノうらこんこよる　壹ツ

一、ひとんすノよるの物　貳ツ

一、あかきあついた　壹ツ

一、もゑきノはふたへノにしき　一ツ

一、きいろノはふたへノにしき　一ツ

一、あさきノおりもの、にしき　一ツ

一、もめんよき　六ツ　内一京

ふとん

一、とんすノあかうら　壹ツ

一、うらおりものむらさきのはふたへ　壹ツ

一、筋とんすうらむらさき　一ツ

一、筋とんすうらむらさき　一ツ　良学ニ遣物

一、ねるぎとんすノうらむらさき　壹ツ　正園ニ遣
一、こたいふとん　壹ツ
一、もめんふとん　七ツ
一、むらさきノうらあさきねまき　一ツ京

かや

一、もゑき三帖つり　三帳
一、けんちゃう　壹帳
一、きくすい　壹帳
一、もゑき二帖つり　壹帳　京
一、もゑき五帖つり　壹帳　〃
一、つねに　つり　壹帳
一、小乃む　つり　壹帳
一、あしきもゑき　壹帳
一、白きたんばかや　貳帳

つぎに「泉坊へ持チ行道具」として
よるのもの覚

一、白きとんす　壹ツ
一、黄なるあしき　壹ツ
一、とんすのあしきうらむらさき　一ツ
一、もめ（ん）ふとん　貳ツ
一、紙帳　壹ツ
一、まくらかけぬさて　壹ツ
一、かみこ　二ツ
一、前ふすま　一ツ
一、たんほ
一、きちりめん　二ツ　内助三内儀へ
（中略）
一、むらさきのこたつふとん　壹ツ
一、こたつやぐら　一ツ

いま問題としているフトンとは縁の遠い「かや」の項もついでに記しておいたが、一つには一人の松花堂昭乗の財産としては、あまりにも寝具の豊富にすぎる点の参考としてあげたまでである。

これをみると「滝本坊」にあった寝具だけでも、夜のもの（夜着）は一五種類二一点、ふとんは八種類一四点もあったわけだ。

フトンの表地には緞子《どんす》の名が多くみえるが、数の上では木綿《もめん》が圧倒的に多い。これは夜のもの、つまり夜着《よぎ》の場合でも同じである。さきに記した『多聞院日記』にも「モンメン夜着」の名のみえていたことが思いあわされる。

これらの寝具に使われたワタのことは、直接これらの史料には記されていないが、以上に記したところを勘案《かんあん》してみても、当時日本の各地で生産の進んでいた木綿のワタが主力になっていたことは容易に想像される。

それのみでなく、木綿の国内生産の進行と、寝具史上に「夜着」「フトン」の用語の出現するありさまとは、時期的にほぼ一致してくるのである。このことは逆にいえば、「夜着・フトン」なる新しい寝具の名称と、木綿という新しい素材との間に密接な需給関係があるのではないかという推察を裏づけるように思われる。

綿種の伝来と木綿の栽培

わたし達の世代の者は、戦時中に木綿が欠乏して、それがいかに実用品として価値のあるものかをしみじみと知らされた経験をもっている。その一方ではまた、木綿がかつては日本の各地で大量に生産されたものであったとは考えず、歴史を通じて外国からの輸入にばかり頼ってきたものと思いこんでいたものである。しかし、事実はそうではなく、これから記述するようないきさつから、一時は国内でも相当な生産量をあげたことがあった。

はじめてわが国に木綿の種子がもたらされたのは『日本後記』（巻八）や『類聚国史』（巻一九九）によると延暦一八年ないし一九年（七九九～八〇〇）のことであったらしい。だが、最初の栽培は失敗に終わっている。

ついで栽培の行なわれたのは室町末期の戦国時代のことである。詳しい年代はわかっていないが、三河国で再栽培が軌道にのったのは明応年間（一四九二〜一五〇〇）のことといわれる。十六世紀の初頭には、三河の木綿は奈良の市場に送られて販売され、永禄の初め（一五五八〜一五六九）には三河の商人が「きわた」「みわた」などを京都へ持ちこんでいることは『言継郷記』にも記されている。とすると、さきに記した『多聞院日記』の永禄十年条に「モンメン夜着」の語のみえる事情もなっとくできることになる。

戦国時代に木綿の栽培が成功すると、それはたちまちのうちに日本の各地に拡散された。それは日常の衣類としてよりも、武具や陣幕・旗指物といった軍需品はもちろん、火縄銃の火縄の材料として需要度が高かったからである。

何しろ日本の全土が弱肉強食の修羅場であった時代のことである。軍需品として欠かすことのできない木綿の栽培が成功したとなると、それを自分の領国へと考えない戦国大名はなかったはずである。

こうしてたちまちのうちに日本各地で木綿の栽培が可能になった。ところがそれとうらはらに、戦国の争乱の方は収束の方向へとむかっていた。織田信長・豊臣秀吉・徳川家康この三代の歴史をみれば明らかなことだが、それは同時に、木綿の供給が軍需より民需へと移りかわるプロセスでもあったわけだ。

松花堂昭乗が男山《おとこやま》八幡宮竜本坊の社僧となったのは慶長五年（一六〇〇）、関ヶ原の戦の年であり、また彼がその住職となったのは寛永四年（一六二七）のことである。あの『財産目録』におびただしい寝具を記載した年代はこの後のことであろうから、それはあたかも関ケ原の戦のあと、戦国の残影もすでに消えはてた時代ということになる。つまり木綿が日常生活の方向に全面的に流入する時代といえるわけだ。「夜着・

フトン」という、それまでになかった寝具は、この木綿を主たる素材として成立したというのもいわれないことではないと思う。

夜着・フトンの流行

「夜着《よぎ》・フトン」という、中世以前にはなかった寝具の名称があらわれたのは十六世紀の後半であり、それが上方で一般化しはじめたのは十七世紀の前半のことといえる。具体的な史料としては十六世紀後半の『多聞院日記』や、十七世紀前半の松花堂昭乗の『財産目録』のあったことはさきにみた通りであるが、後者では夜着とよぶよりもおもに夜《よる》の物《もの》の名称を使っていたことはさきに記した通りである。だが、松花堂昭乗とほぼ同期に生きた本阿弥光悦《ほんあみこうえつ》について記した『本阿弥光悦行状記』には

> 光悦は八十歳にて死せり、病中板倉殿御父子度々御見舞なされしに、これも木綿の夜着蒲団に臥して居けるを御覧、御感心なされし也。

と「夜着・蒲団」の語を使っている。光悦は松花堂昭乗より二年はやく、寛永一四年（一六三七）に没しているから、その晩年という点からみても、昭乗が滝本坊、松花堂に住んだと同じ頃、光悦が木綿の夜着・蒲団を用いていたことは史料として重要であろう。さらに『本阿弥光悦行状記』は、さきの史料の前に、光悦の父母が質素な生活を旨としたことを記した一文があって、

> 九十歳にて死けるに、唐物の単物一ツ、かたびらの袷二ツ、浴衣、手ぬぐひ、紙子《かみこ》の夜着、木綿のふとん、布の枕ばかりにて、此外何もなかりき

と、ここにも夜着・ふとんの語が用いられている。

本阿弥光悦は安土桃山時代から江戸初期に活躍した多才な芸術家で、松花堂昭乗・近衛信尹《のぶただ》とともに寛永の三筆と称された能書家としても知られているが、晩年家康から洛北鷹ケ峰《たかがみね》の地をもらいうけて、いわゆる光悦の芸術村を作ったことも有名である。

このように、興福寺の多聞院といい、また男山八幡宮の滝本坊・松花堂といい、そしてまた光悦の芸術村のあった鷹ケ峰といい、これら夜着・フトンの史料にまつわるものがすべて上方であることは、これらがまず上方で出現したことを裏書きしているといえるだろう。

それでは、このようにして寝具史上に姿をあらわした「夜着・フトン」は、歴史の潮流にのって広く世間に受けいれられていったかというとそうではないらしい。

たとえば、江戸時代初期、慶長頃から天和頃までの庶民文学、仮名草子をあたってみても、用いられているのはまだまだ旧態依然たる寝具用語ばかりである。たとえば

……御帳台《みちょうだい》に入らせ給ふ。……花の錦の御褥《しとね》……錦の御座《ござ》に宿らせ給ふ。……同じ御座《ござ》にそ宿らせける。(『恨の介』下)とか

契《ちぎり》はいかに　麻衣《あさごろも》　うち重ねつゝ、　独寝の……(『竹斎』上)

衾《ふすま》・布子《ぬのこ》を取被せて、只《ただ》寝よく〳〵とて寝させけり。

(『竹斎』下)

といった調子なのである。仮名草子は絵入りの物語りものだから、随所に寝具のある場面も描かれているが、それもことごとくうすべりや寝ござ、寝むしろの類で、綿入りのフトンらしきものはない(図33)。

ところが、仮名草子につづいて登場してくる浮世草子になると「夜着・フトン」はもう寝具の王者として

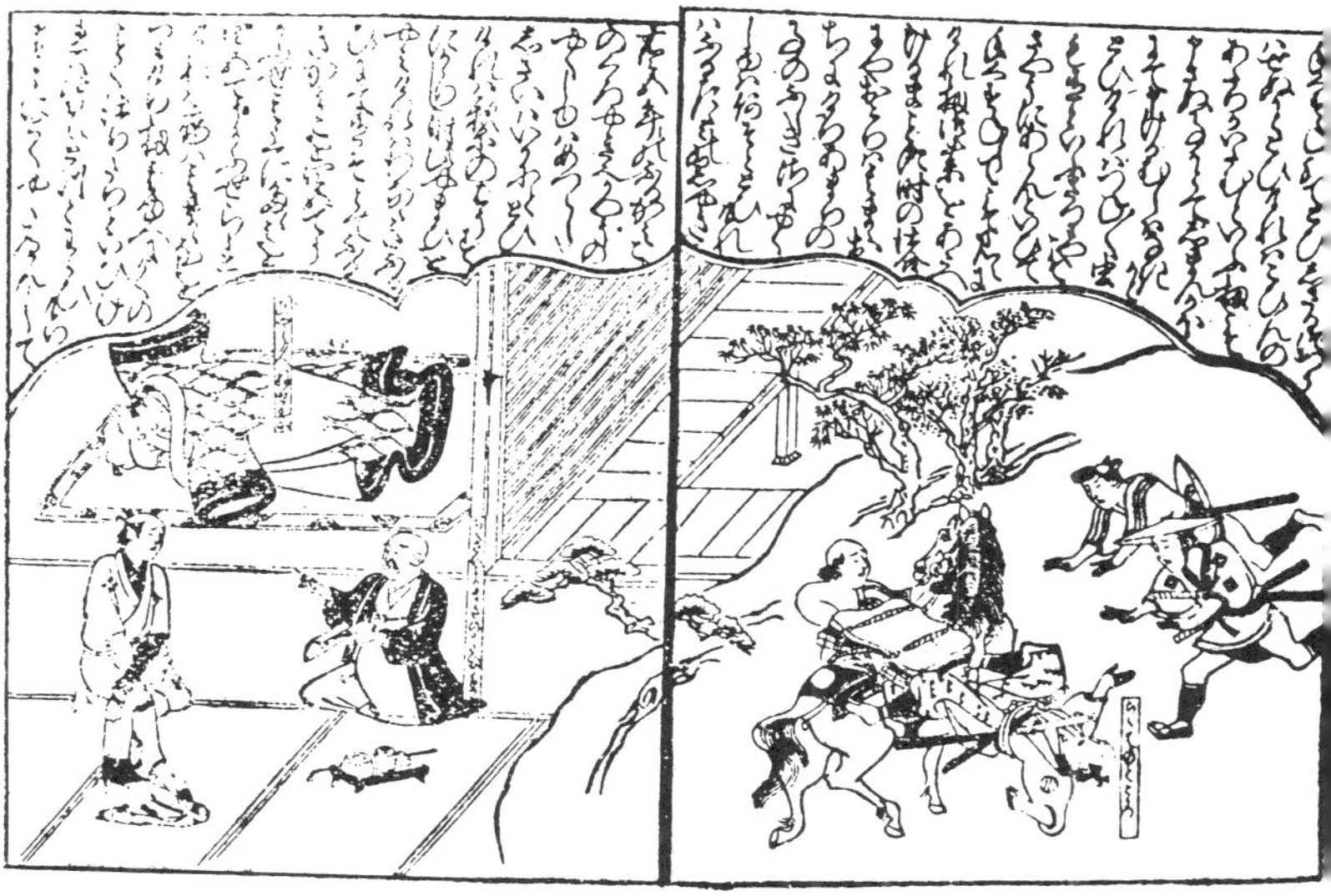

図33　竹斉　病臥図

扱われている。まず、西鶴の処女作であり、浮世草子の濫觴《らんしょう》となった『好色一代男』についてみると

よこ嶋《じま》のもめん蒲団に、せんだん（梅檀）の丸木引切《ひきぎり》枕、……（巻二「はにふの寝道具」）

更過《ふけ》ぎて床《とこ》とるにも、三ツ蒲団・替《かえ》夜着……（巻七「新橋の夕暮・嶋原《しまばら》の曙」）

とあるから、西鶴が『好色一代男』を書いた天和二年（一六八二）の頃には、少なくとも夜着やフトンの名が一般庶民にも親しみ深いものとなっており、とくに、史料の後者にみられるように、遊廓にも浸透して、はやくも「三ツ蒲団」なる名称のあらわれていることが注目される。

西鶴の作品にあらわれる寝具史料はおいおい引用していくが、西鶴の『武家義理物語』（元禄元年刊）には、夜着の形態におよんだ語句がみられる。

金銀大分たくはへしを、荷物の数々にわけ入置しに、やとひ人肩を揃て道をいそぎしに、松原通因幡やくしの前にて、暫く休しが、此銀《かね》夜着の袖よりぬけ落て……

とあるのがそれで、ここにはじめて夜着というものが袖のついた寝具であることが明記される。このことはこれより後の史料では『和漢三才図絵』（一七一一年刊）にも

倭の夜着は常衣の如く、濶大にして一身有半

とあるし、例の『倭訓栞』にも

よぎ　夜着の義なり。古書に宿直物《とのいもの》と記せる是なり。……

ともあるように、宿直袋と同様、襟袖のある上掛けの夜具であったことが示されていることでもよくわかる。

さらに『嬉遊笑覧』（二上、服飾）によってみると

昔綿を多く入て、夜の物とて夜着にする。是をおひえとも北のものとも名づけたり、また異名を布子とも綿入ともいふなり。

また『庭訓往来抄』（下）によると

北物ト云ニ一説アリ。織物板ノ物旧ビタルヲ張拵ヘテ、国裏ヲ属《ツグ》ル也。綿ヲ多ク入テ、夜ルノ物トテ夜着ニスルナリ。又ヲヒエナド云也。然ルニ彼ノヨギヲ北ノ物ト云事ハ、裏ニ越後ヲスルニ依テ、北ノ物ト云也。又ヲヒヱト云事モ、冬ハ北ヨリ来ル物也、越後ノ国則チ北ナリ、此縁ヲ取テ云ナリ。総ジテ国裏ト云ハ、越後ヨリ外ニツクベカラズ、絹裏ノ外ヲバ、只裏布ノウラナンドヽ云也。又何クノ国ニモ布ハ有ニ依テ、クニ裏ト云カ、悉ク公家ヨリ出ル詞ナリ。

昔の宿直衾であるとすると当然のことながら、夜着にはふくらかに綿がはいっていて当然である。だが、昔の衾のそれは真綿であったが、夜着の場合には木綿が多く使われたに相違ない。初期の文献にわざわざ

「もめんよぎ」（モンメン夜着）などと記してあったのはおそらくこの辺の事情によるものであったろう。もしそうであったとすると、フトンの場合と同様、夜着もまた木綿の国内生産の向上がもたらした寝具史上の新しい現象を象徴する言葉といえる。

また『嬉遊笑覧』や『庭訓往来抄』によってみると、夜着はまたおひえとも北のものともよばれたようである。布子、綿入れもその異名とすることには異説があるようだが、そのことを別に考えても、元禄以後には夜着が上掛け夜具の一般的名称と化していたことがよくわかる。

江戸末期、嘉永年間（一八四八～五三）に発表された喜多川守貞の『守貞謾稿《もりさだまんこう》』には夜着の製に関する図入りの解説があるので左に引用しておこう。

夜着ハ襟袖アリ、形衣服ニ似テ濶大ナリ。蓋袖ハ長《た》ケ尺五六寸ニス、衣服ヨリ大ナルコト二三寸、其他表ハ衣服ノ如ク、総長ケモ四尺未満ナレドモ、裏ノ表ヨリ長ク裁コト二尺許、裾ヲ表ニ折返テ一尺トナリ、表トモニ五尺ニナル也、又袖裏モ一幅半ヲ用ヒ、裏袖ノ表ヨリ濶《ひろ》キコト三四寸、襟モ表ハ四尺余ナレドモ、襟六尺余ニス、又襟モ衣ヨリ広シ。（中略）今世夜着平日用ニハ、図ノ如ク（図34）他裁ヲ以テ、掛ヱリ、カケギレス、汚ルル時、先是ノミヲ洗フ也、掛襟カケ裁ハ木綿ノ夜着ニモ、絹、海気（海気絹のこと）等ヲモ用ヒ、又木綿ヲモ用フ。

江戸末期の夜着を記したものではあるが、おおよそは夜着一般の形態を示しているものとみてよいであろう。

なお、この文献にはまだカイマキ（掻巻）の項目はない。だが、最近まで関東で一般に用いられてきたカイマキ（カイマキブトン）は右に記される夜着と同じ系列の寝具であることはいうまでもなく、その延長と

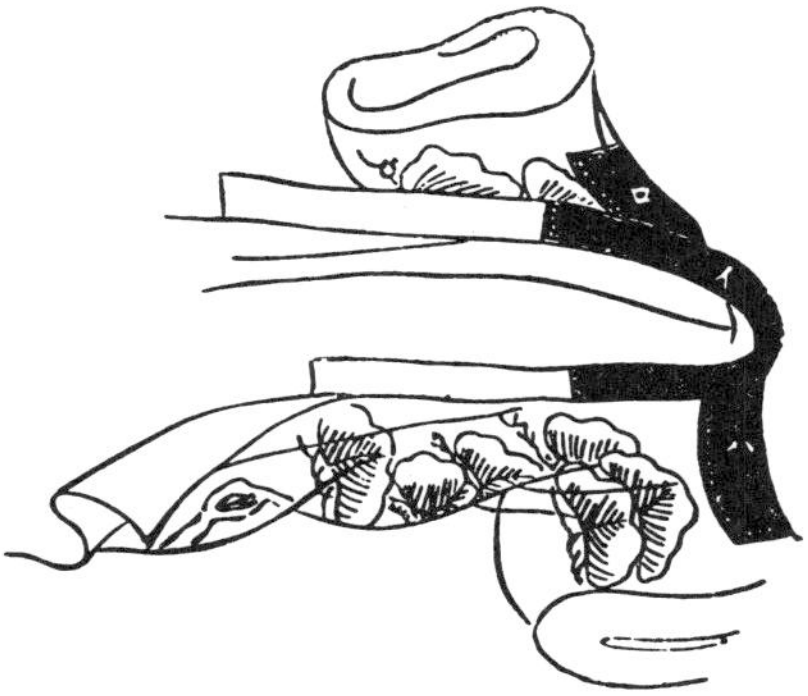

㋑掛襟　㋺㋩掛ギレ

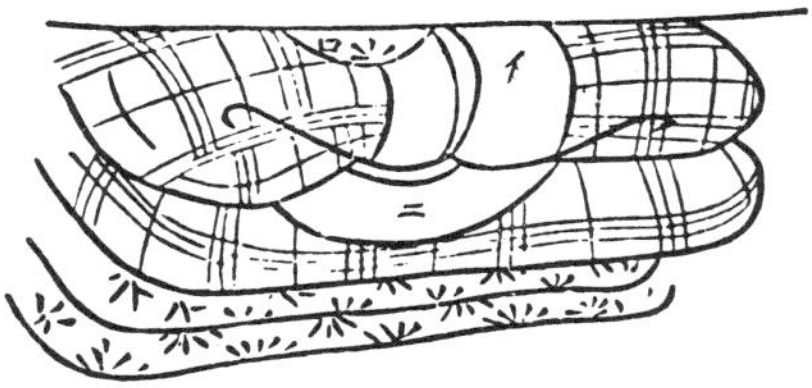

㋑袖口　㋺括り枕　㋩敷布団　㊁夜着の襟

図34　夜着と布団（守貞謾稿より）

理解してさしつかえないだろう。私は関西の生まれであるから、掛けブトンのほかに襟袖のついたカイマキなる寝具のあることを知らなかった。上京して友人の宅に寄宿するようになって、襟袖のある寝具がしつらえられてあるのをみた時に、それをいぶかしく思ったことを思い出す。関西のドテラ（綿入れの着物）にしては大きすぎる。やはり寝具に相違なかろうと解釈したので事なきをえたのだが、私の友人には、てっきりドテラと勘違いして、それを着て歩いた頓馬な男もあった。

遊廓のフトン

江戸時代における寝具史の発達をリードしたのは遊廓であった。

遊女の歴史は遠く古代にさかのぼるが、古代のアソビメとかウカレメ、中世の白拍子《しらびょうし》とか遊君《ゆうくん》には、いわば遊芸の流人という性格があって、一般に居所の定かでない傾向が強かった。ところが近世になると遊廓制度が設けられ、遊女は一定の地域に定住するようになる。遊廓赤線などが暗い淫靡《いんび》な夜の街という印象を伴うのはむしろ近代のことで、近世初頭の遊廓というのは、芸能から文芸・風俗をリードする華やかな流行の中心《ファッション・センター》でもあった。

豊臣秀吉は各地に遊廓の設置を許したが、京都の島原は秀吉時代からの伝統をもついわば最古の遊廓のひとつである。江戸では元和三年（一六一七）、江戸のあちこちに分散されていた遊女屋を集めて葭原《よしわら》（のちに吉原と改称した）の遊廓が生まれた。大阪にも同じころ新町に遊廓が生まれて、島原・吉原と並び称されるようになるが、元禄時代はじつにこれらの遊里花街の黄金時代であった。

さて、遊廓というのは、廓《くるわ》（曲輪）とよぶかこいとか水をたたえた濠をめぐらした一区画に遊女を集めた遊び場のことであるが、「傾城町《けいせいまち》の外、傾城商業致すべからず」（元和三年の吉原条目）とあるような独占権があたえられると、一般世間とは切り離されたこの世界特有のしきたり、特に遊女を格づけする階級制度が固定してくる。

延宝六年（一六七八）に畠山箕山という好事家の書きのこした『色道大鏡《しきどうおおかがみ》』によると、遊廓の女郎には

太夫職《たゆうしょく》・三八《さんは》・天職《てんしょく》・囲職《いしょく》・端女《はしおんな》

の五階級があり、きびしい階級の差別が定められていたようである。遊女の階級はそのまま、遊料《ゆうりょう》と称する揚代《あげだい》（揚銭）にあらわれるが、『色道大鏡』に記された京都島原での遊料をあげると、

太夫職五八匁、天職三〇匁、囲職一八匁、端女一一匁（注：三八の項なし）

とある。六〇匁が一両、一両が大ざっぱに今の二万円くらいにあたるとしても大した額ではないようにみえるが、じっさいは遊料だけで遊べるわけでなく、太夫を揚げて遊ぶとなると、茶屋への払いが四〇両、太夫への贈物三〇両など、総額一〇〇両ぐらいの用意は必要であったという。

これが普通の太夫を買う場合の相場であるから、一世の名妓とうたわれた京の吉野太夫とか大坂の夕霧太夫、江戸の高尾太夫などになると、とても現代の一〇〇万や二〇〇万の金ではおよびもつかない多額の費用が必要であったものらしい。

『好色一代男』をみると、主人公世之介は、高尾太夫の女郎盛《ざか》りをみんとして、京都からはるばる江戸までの長い道中を重ねて訪問し、「さて太夫は」と尋ねると、「九月、十月の両月はもちろん、はや正月の約束までできています。年内に御ひまとては一日もありませんから、今年は江戸で過ごされて、高尾を買うのは来春のことになされませ」との返答である。さすがの世之介も、このたび使いすてるために用意してきた金千両ではとてもおよび難いと歎息する、とある。

もとより、これは小説の中での話ではあるが、世をときめく紀国屋文左衛門や奈良屋茂左衛門の大尽《だいじん》遊びというのは、まことに千両の金を湯水のごとくに浪費したものと考えてもいいだろう。そうした豪華な遊楽《ゆうらく》の里が遊廓なのであったから、そこにこの世界特有の文化が生まれ育ってもおかしくはない。

さて、遊女の階級は、彼女の身につける衣装はもちろんのこと、いろいろの道具類や、遊女につき従うお付きの人員種類まで、いちいちきびしい差別を伴うものであったが、この格差をもっとも端的にあらわすものは「寝道具」特に敷ブトンであって、一般的にいうと、

太夫は三《み》ツ蒲団・天職は二ツ蒲団・囲職は蒲団一枚

の定まりであった。つまり敷きブトンの枚数が多いほど遊女の格が高かったというわけである（江戸ではこれらの傾城は、太夫・格子《こうし》・散茶《さんちゃ》とよばれ、その下が梅《うめ》茶・局《つぼね》とよばれた）。

『好色一代女』の主人公は、素姓のいいのを鼻にかけ、姿自慢して高くとまりすぎたのがわざわいして客足が遠のいたため、「親かた持《もち》こたへず、一門内談（親族一門相談の上で）して天神（天職と同じ）におろしけるに、はや其日より引舟女郎（囲職の格式をもった太夫づきの女郎）もなく、寝道具も替りてふとんふたつになし、すゐずゐも腰をかがめず、様《さま》付けし人も殿《との》になり。座付も上へはあげず（上座にはあげてくれな

い)、口おしき事日に幾度か」というかわりようであったとある。

この主人公は、天神（天職）に格下げされたのにこれほどくやしがっていたのだが、つぎには囲職におとされる。と、日の暮れるのをまち兼ねて「ひとつふとんの床《とこ》に入」り、という具合に万事が露骨になっていく。とはいっても、太夫・天職・囲職は総じて傾城《けいせい》とよばれる高級遊女であって、一般庶民の相手になるのはさらにその下に位する端女《はしおんな》であった。ところがこの端女の中にも段階があって、揚代によって三匁取《さんもんどり》・二匁取・一匁取・五分取《ごふんどり》のよび名があったという。『好色一代女』のヒロインがたどった転落のプロセスがそれなのだが、そのプロセスを語る挿話によると、この下級女郎のなかにも段階に応じた寝具があったらしい。『好色一代女』からぬきがきしてみると、

三匁取はさすがに鷹揚《おうよう》で、客があれば、禿《かむろ》（下働きの幼女）が中紅《ちゅうもみ》（中等の紅絹＝もみ）の蒲団をとって、部屋ごしらえをしてくれる。二匁取となるとそれを自分でしなければならなくなる。一匁取になると「屏風の蔭《かげ》なる寝筵《ねむしろ》出し・ひそかに帯をはじめからときて・客のおもはくもかえり見ず、内《うち》（把え主）からのいひ付《うけ》の通り着物着替て、ふたのも（腰巻）とき掛てくろめ」、気のせく男に調子を合わせて首尾をすませる。といった具合になる。五分取となると、「自戸《みずから》をさして、豊嶋筵《としまむしろ》（摂津豊島郡産の藺筵《いむしろ》）のせまきを片手にして敷《しき》、足にて煙草盆をなをし、男引《ひき》こかして……」といったすさまじさである。

このように端女になると、三匁取と二匁取とはかろうじて中紅の蒲団ひとつをあたえられるが、一匁取は寝莚《ねむしろ》、五分取はさらに狭い寝莚（狭莚）といったぐあいに、寝道具にれきぜんとした差別のあったことがわかる。

遊廓の風俗は浮世絵風俗画の題材としてももてはやされたが、遊女の寝道具が三ツ蒲団、二ツ蒲団とはっ

図35　春信筆
肉筆浮世絵（三ツ蒲団）

きり見別けがつくように表現されるのは鈴木春信あたりからであり（図35）、以後の浮世絵版画あるいは浮世草子の挿絵には遊女の寝道具はしばしば登場してくるが、三ツ蒲団の全盛期は元禄期が頂点であるように思われる。

以上は寝道具といっても、主として敷夜具の種類について記された史料であったが、『色道大鏡』の三職女郎装束之制法という項には、三職（太夫・天職・囲職）の寝道具一般について、もっと詳細な定事が書きとめられているから、つぎに紹介しておこう。

太夫職……夜具には、唐職金入《からおりきんいり》、襴絹《らんけん》、天鳶戒《びろうど》、金入の小寝巻、敷衾《しきふすま》四隅の糸房、錦縁《べり》の折御座《おりござ》または金入びろうどの縁。織物の枕掛、

天職……夜具には織物の段子《どんす》地繻子《じしゅす》。両面の小寝巻、織物の縁取御座《ふちどりござ》。……枕掛、無地の絹たるべし。

囲職……夜具には絹の染夜着、同じく蒲団。染物の小寝巻、折莚《おりむしろ》の縁は紅梅、紫をもゆるす。……枕は長枕を制す。且つ枕かけなし。

右三品制禁の色立《いろだて》、天職にゆるす物を太夫着する事くるしからず。囲職にゆるす物を天職着する事これとがめず。ただし太夫のゆるし色を天職着し、天職のゆるし色を囲職着する事かたく制する法也。

このような規則を、いったい誰が、いつ制定したものか、またその規制がどの程度にゆきわたっていたものかはまだ充分に裏づけられていないのだが、少なくとも遊里の一廓にこのような定りがあったことは、一般世間の権力のおよばない、人間の心の解放が得られるはずの遊廓もまた、けっきょくは階級制度のやかま

しい封建社会の産物にほかならなかったことを物語っている。ただこの世界では生まれながらの身分による階級ではなく、女の値打が物をいう階級であり、買う側の立場でいえば、金が物をいう階級であったところに大きな特色があった。

さて、遊廓では女は金が目あて、男は女が目あてで取引きがなりたっている。

揚代は取引の実質にかかる最低必要料金だが、それだけでは高級女郎は買えなかった。ことに太夫を買うには千金を投じるかくごのいる例はさきにものべた通りであるが、太夫の方でも体面を保つためには、それ相応の入り用があったことも事実である。

ちょっと時代がさがるけれども、文化一三年（一八一六）の序文のある『世事見聞録』をみてみると、

当世吉原町に於て、太夫、昼三《ちゅうさん》（散茶のこと）などいえる遊女は、一ヶ年に金五六百両より七八百両

図 36　浮世草子（ほととぎす）
遊里の風俗（三ツ蒲団）

図 37　浮世草子（仮根草）
遊客風景（三ツ蒲団）

図 38　浮世草子（当世じつの巻）
遊里の馴染客（三ツ蒲団）

図 39　廓の積夜具の図（洒落本）

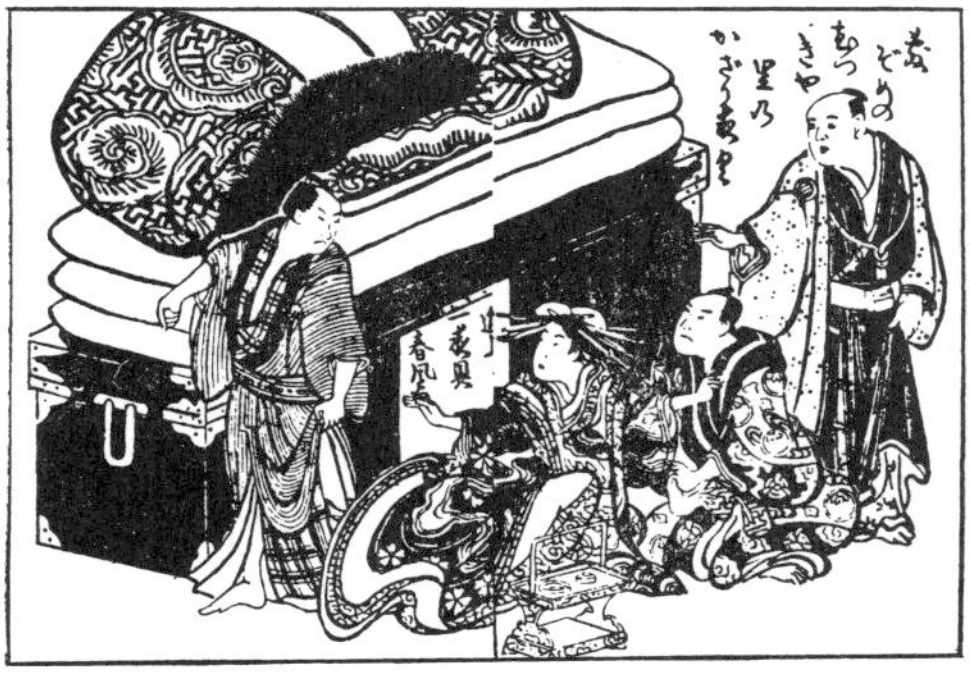

図 40　飾夜具の図（浮世草子）

に至るほども取り得ざれば、身の賄《まかな》ひ調はずといふ。尤も昼夜の揚代といへるものは、定式亡八《ぼうはち》（楼主のこと）が本へ取る事にて、これは遊女の身に付くる事なく、全く遊女の心一つの差略にて客なるものを誑《たぶら》かし賺《すか》して、右体《みぎてい》の大金を取り得ざれば、苦界を凌ぐこと能はずといふ。当時は、夜具、蒲団にも五十両百両の入用かかり、髪のものも鼈甲《べっこう》の笄《こうがい》十本余りも取り飾る事にて、百両や二百両もかかる。四季節々の衣裳、その外これに準ずるなり。今の金子六七百両は米穀二千俵なり。夜具の百両は三百俵に当るなり。武士の分限、百姓の身上に引き当てては、莫大なる事どもなり。

と記しているが、遊女はもともと親や夫、あるいは家族のために何両・何十両の金を亡八から前借りし、その金のかたに身をあずけて働かされているわけだから、揚代がはいっても借りた本金《もときん》の返済にとりあげられてしまう。衣裳や寝具を抱え主からあてがわれれば、それがまた借金の上積みになるから、贈物とかいろいろの名目で客からの別途収入を計らねばならない。もちろん馴染みのお大尽《だいじん》に無心して、寝具・衣類・装身具などを贈ってもらうことも多かったし、ことに夜具のごときは、これを贈られると積夜具《つみやぐ》・飾夜具《かざりやぐ》（図40）と称し、遊客の集まる時節にこれを飾って全盛ぶりをひけらかしたものであった。

といっても「夜具の百両」はなかなかの大金である。遊女もうかつにせびると

三つ蒲団　うんといったが　それっきり

と、それで客との縁が切れては元も子もなくなってしまう。

本惚れと　見抜いて夜具を　ねだる也

度胸を見定めて　夜具を頼む也

と、たのむ遊女もいたって慎重、いわゆる手練手管《てれんてくだ》をつくすことになる。

だまされた　人へ三井は　夜具を売り

三井は呉服商越後屋の主人三井八郎右衛門。遊女の口説にだまされた気の毒な人だと心に思いつつ大金のかかった夜具を売るというわけである。以上はいずれも古川柳からのぬき書きであるが、蒲団をめぐって色と欲との渦巻く遊里の姿が目に浮ぶようである。

フトン着て寝る

ふとん着て　ねたる姿や　東山

京都を訪れた人が、必ず一度や二度は耳にする有名な句であるが、これは芭蕉の古参の弟子のひとり服部

嵐雪《らんせつ》の作である。嵐雪は宝永三年（一七〇六）に没しているから、彼の晩年の作とみても元禄期（一六八八～一七〇二）にこの句はできていたとみていいだろう。

あの京都は東山のたたずまいが、フトンを着てねる姿のようだという、一見なんの特色もない発想のようにみえる句であるが、「フトン着て」という表現に、当時としては新鮮なひびきがあったとみるべきである。

近世に寝具としてのフトンが出現していらい、フトンとはシキブトンに限られ、カケブトンはいまだに現われてこなかった。「夜着・蒲団」と対で呼ばれ、夜着は上掛《うわかけ》の夜具、蒲団は敷夜具ときまっていたものである。そうした一般の常識をやぶったところに、この句の特色があったわけだ。しかし、常識を破るといっても、全く世間に適用しない新造語をふりまわしても俳句にはならない。やはりこうした句の生まれる背景として、フトンを着て寝るという風俗が生まれつつあったと解すべきだろう。

フトンを着て寝るという以上は、上掛のフトンがあっていいわけだが、これに関して思い出されるものとして、芭蕉の終焉を書きつづった『花屋日記』の元禄七年（一六九四）十月十一日のところにこのような文章がみえる。

惟然は前夜正秀と二人にて、一ツの蒲団をひっぱりて被りしに、かなたへひき、こなたへひきて、終夜寝いらざりければ、はてはしらぐと夜明けるにぞ、其事を互に笑ひあいてひっぱりて　蒲団に寒き　わらひ哉　惟然

とある、一ツ蒲団を被って寝たのであるから、これはシキブトンでなく、カケブトンに相違ない。この記事は大坂でのできごととみられるから、元禄七年には、一方で夜着・蒲団の風俗が関西から関東まで普及する傾向にあった反面、京阪の地ではすでにカケブトンがあらわれつつあったとみてとることができるだろう。

図41　三幅の敷布団（守貞謾稿より）

これよりのち、天保八年から嘉永六年（一八三七～五三）にわたって書かれた『守貞謾稿』には

今世夜着ヲ用フ、大略遠州以東ノミ、三河以西京坂ハ襟袖アル夜着ト云物ヲ用ヒズ、然ドモ昔ハ京坂モ用レ之歟、元文等ノ古画ニ有レ之、今ハ下ニ三幅ノ布団ヲシキ、上ニ五幅ノ布団ヲ着ス、寒風ニハ五幅布団ヲ重ネ着ス。

と記されている。これによっていえば、元文（一七三六～四〇）頃まで京阪にも夜着を使う習慣がのこっていたが、あとは全く掛ブトン（「五幅ノ布団」とあるのがこれにあたる）にとってかわられたということになり、そのきざしがすでに元禄の頃にあったことを知るのである。なお『守貞謾稿』には掛ブトンのことを「大布団」として「敷布団」と区別するよび名のあったことが示されている。

上ニ着ルヲ大布団ト云也。……遠州以東江戸ハ大布団ヲ用フハ稀ニテ夜着ヲ用フ也。……京坂ノ大蒲団、江戸ノ蒲団夜着トモニ純子。……大蒲団、敷布団トモに図（図41）ノ如ク表小、裡大ニ裁テ額仕立ヲ専トス。

この大布団がさきに「五幅ノ布団」とあったものにあたることはいうまでもない。してみると、嵐雪の句に「フトン着て寝る」とよまれたフトンとは、おそらく額《がく》仕立（鏡仕立）の五幅の大布団であり、それなればこそ京都の東山にみるようなフンワリとした寝姿がえられたことが理解される。

近世庶民の寝具

片袖夜着《かたそでよぎ》

木綿の国内生産が普及するのとほぼ時を同じくして、近世初期に「夜着・蒲団」さらに京阪では「大蒲団」といった綿入りの夜具が用いられるようになる経過を上にみてきた。

しかしそれだからといって、国内の各家庭にこうした寝具が浸透していったと早合点してはならない。なぜならそれはまだまだ高価なもので、とても庶民が手軽に買いととのえることのできるような代物ではなかったからである。

たとえば渡辺崋山の書いた『退役願書』の文中に

……私母近来迄、夜中寝候に、蒲団と申もの、夜着と申もの引かけ候を見及ビ不レ申サ、やぶれ畳の上にごろ寝仕リ、冬は炬燵《こたつ》にふせり申候。

というような、ちょっとわれわれの想像をこえた貧困な生活のさまを記している。しかも崋山は一介の貧乏画かきでもなければ、貧民の出身でもない。幕末の洋学者であり南画の名手として名高い一流の文化人、しかも本職は三河国田原藩士であり一時は定府（江戸詰）の年寄役末席を勤めたほどの人物である。父は同じく田原藩士定通というから、れっきとした武士の出であった。だが、その渡辺崋山の母が、夏は破れ畳の上にごろ寝し、冬は炬燵にふせって寒さをしのいだというのであるから、一般庶民の就寝生活はほぼ推察できるのではあるまいか。

酒井忠勝（空邦）の家臣で草野文左衛門という人物についても、このような伝がある。

酒井家の藩士草野文左衛門といふ人、若州へ来りて三、四年の間は、夜具と云ものもなくて、夜分寝る時には、あり合せし綿入布子を引きかけて臥しけり、五年ばかりも過ぎて、やう〳〵夜着をこしらへけるに、世間に用いるものとは異様にして、その製四幅にて、半分は袖なくして敷物とし、片身は袖をつけて夜着とす、是はむかし戦国使用の制にて、片袖夜着と名つくるよしなり、東照宮（徳川家康のこと）にも、この片袖の夜着を御用ひありしといふ。（『提醒紀談』二）

この人物もまた、れっきとした酒井家の藩士でありながら、なかなか夜着をつくるゆとりがなく、ありあわせの綿入布子をひっかけて寝ているしまつであった。しかも、ようやくのことで作った夜着というのが片袖夜着という、夜着と蒲団とをそれぞれ半分ずつ繋ぎあわせて一枚にしたような寝具であった。袖を片方だけつけておいてこれを上にひっかけ、のこった半分をぐるっと身体に巻きつけて下に敷く。いわゆる「かしわになって寝る」ことを前提にした戦時用の夜具であったという。

太平の世が続くと、人は枕を高くして仰向けになって寝る。つまり大の字になって寝ることに不安を感じなくなるようであるが、平安末期いらいの絵巻物などに散見された寝室のありさまを垣間見ても、横向きに臥《ふせ》っている場合が多いのであって、大の字になって高いびきといった風俗は少ない。まして戦国の世の武士ともなれば、いざという場合にそなえて、右手の自由を損なわない寝方のくふうぐらいは心得ていたものであろうから、ここにいう片袖夜着もその辺の考慮を加えたものであったと想像されよう。

天徳寺《てんとくじ》

天保六年（一八三五）の『北越雪譜』をみると、

秋山の人はすべて冬も着るままにて臥す。甞て寝具といふものなし。冬は終夜爐中に大火をたき、その傍に眠る。甚寒にいたれば他所より藁をもとめて、作りおきたる叺《かます》に入りて眠る。妻あるものはかますをひろく作りて夫婦一つかますに寝る。

と貧しい村落の生活を記している。もっとも、ここにも記しているように、かつては特に寝具というようなものはなかったのだが、江戸時代にはいってから、この山村のうちで、ただ二軒だけは夜具を備えるようになったという記述が続いている。しかし、その夜具というものも、「夜着・蒲団」の類ではなくて、じつはオロ（イラクサ）の繊維で織った布を用い、綿のかわりにオロの屑を中に入れたいわば代用品であり、しかも、それはもっぱら来客の用に備えたものであったというのである。

天明四年（一七八四）に秋田を旅行した菅江真澄の紀行『齶田濃刈寝《あきたのかりね》』にも

流れ藻を刈りて列《つら》ね編みて、馬の背にかけて寒さを凌がせ、まち人は夜の衾とす。名を象潟蒲団《きさがたふとん》と云へり……。

と、この地方では海藻を乾燥させて寝具を作る貧困な生活のあったことが語られている。

また、東北地方にはヨブスマ（訛ってユブシマともエブスマともいった）というものがあったが、これは「大きな麻の衣の中にオグソ（苧滓・大麻の表皮のこと）を入れて脱け落ちぬように糸で細かく綴じたものや、麻のボロ切れを重ねて刺した夜具のこと」で、「ワラの上に寝てこれを掛け、更に上からワラをかける。」（『鹿角方言考』）という就寝風俗が長く行なわれていた。

このような寒村に存続していた貧しい寝具の例は枚挙にいとまないものだが、江戸の市中においても天徳寺とよばれる紙の寝具が用いられていたことは注目しておく必要があろう。『守貞謾稿』には、江戸の困民や武家の奴僕たちは、夏に使っていた紙帳（紙製の蚊帳）を秋に売る。かしこい商人がこれにワラシベ（藁の穂の蕊）などを入れて周りを縫い、袋に仕立てて売り出す。するとさきの困民奴僕等がこれを買って布団がわりに寒風を防ぐ、という風俗がえがかれている。もっとも

今は奴僕は之を用いるが、困民は之を用いず。又享保前は是を売歩く、享保以来廃して今は見世店《みせだな》に売るのみ。

と天徳寺の使用層が減少してきているさまを伝えているから、木綿の進出におされて享保（一七一六～三五）以来は消滅への一途をたどったとみていいようだ。

江戸の笑話や川柳にも天徳寺がでてくるが、

貧　家

此上もない貧乏人の所へ、盗人はいりて、そこらさがしてみれど何もなし、亭主は天徳寺を引ッかぶり、しらぬ顔で寝ていれば、

「エ、いま〳〵しい。此やうな何もない内も又あるまい」と小言をいふ。

亭主あまりおかしさにくつ〳〵笑へば

「イヤ笑いこっちゃない。」

これは安永二年（一七七三）の『聞上手』からのぬき書きであるが、「この上もない貧乏人」が天徳寺を引っかぶって寝ている。よりにもよってこんな所へ盗人がはいって、あまりの貧しさにびっくりするところが笑いをさそうのであろう。

天徳寺　おんむくじって　やぶい見る

これは『柳多留』にある文化年間の川柳だが、貧乏な病人に対する藪医者の荒っぽい診察ぶりが目にみえるようである。

紙の寝具をなぜ天徳寺とよんだかは興味のもたれるところだが、

日向《ひなた》ぼこりを天たうぼこりといひし如く、日の暖なるをよそへて天徳といひしなるべし（『嬉遊笑覧』）

とか、

江戸愛宕山下に天徳寺と云禅寺あり、こゝに因ある名か（『守貞謾稿』）

などの憶測がある程度で、江戸時代にもそのゆらいはわからずじまいであったようだ。

なお、東京の王子にある製紙博物館には天徳寺かと思われる紙のフトンが保存されている。和紙に柿渋をしいたカッパのような紙をつなぎ合わせ、ちょうどフトンの大きさに仕立てたもので、これを何枚か綴じ合わせてあるから、丈夫であるが、かなり重い。また紙帳にワラシベを入れて作ったというさきの話とは即応しない点があるのもひとつの問題であろう。この点に関していえば、楮《こうぞ》や雁皮《がんぴ》の紙を厚く作って渋をひき、揉んで柔軟性をもたせて毛布のような寝具を作る奈良県吉野の十津川方面にあったカミフスマ（紙衾）の方が、製紙博物館の実物に符合する面が多いようにも思う。いずれにしてもまだ研究の余地があるものの、貴重な紙の寝具が現存していることは喜ばしい。

近代の生活と寝具

明治の改革と寝具

近世初頭に誕生した蒲団は、江戸では夜着・蒲団、上方では大蒲団・敷蒲団と、形の違いによる二形式にわかれたまま、江戸と上方それぞれの伝統を形づくりつつ、緩慢ながらも使用層をひろげていったのが、江戸中期から後期にわたっての大勢ではなかったかと思う。

万事が封建的な感覚の絆《きずな》につながれ、保守的消極的な、いわば後向きの歩みをよぎなくされていた徳川三百年に、寝具史がはかばかしい変遷をとげなかったのは、むしろ自然であったといえる。だが、幕末の開港期から明治初頭の文明開化の嵐の中でも、日本の寝具史は、いぜんとして眠りをつづけていたのであった。

この変革期には、政治的、経済的な変革はもとより、断髪令のような風俗上の改革にめざましいものがあったことは周知の通りだが、その反面、日本人の基本的な居住形式はほとんど変わらなかった。もちろん、玄関や床間をはじめとする、家の格式にかかわりのあった約束が、封建的な拘束から解放されたことは、ひとつの革新ではあったのだが、その結果は、かえってそれまで抑圧を加えられていた一般民衆が、支配階級の封建的な住居構造を模倣して、玄関や床間を一般化させる逆行現象を生むこととさえなったのであった。こうして、明治から大正初頭にかけての日本人の生活様式は、ちょうど彼らが洋服の下に昔ながらの褌《ふんどし》をつけていたと同じように、生活の内部に行くほど保守的な傾向を強くもった、いわば見せかけだけの文明開化の実情を、あからさまに示すものであった。

玄関や御座敷という接客部が発達した反面、台所とか寝室といった居住部がなおざりにされる日本住宅の跛行現象は、ふりかえって考えてみると、古代の寝殿造いらい中世・近世を通じて長いあいだ上層階級を支配した伝統的な生活様式を背負ってきたものであった。だから近世初頭に寝具のフトンが出現して、寝具の上に改良とくふうが加えられたからといって、居住部に対する認識があらたまったわけではない。蒲団が日の当たる場所に飾られるというようなことは、嫁入りの風俗と遊廓の飾り夜具とを例外として、日本の生活史ではまずありえないことなのであった。

そうした背景のあるところで、明治にはいると安価な外綿の流入が契機となって、蒲団がしだいに一般庶民の住宅に浸透してきたのだから、その過程にあらわれた現象に万年床というはなはだ非衛生的な寝具風俗があったのも故なきことではなかったのである。寝室にあてられる空間（主として納戸）は、住宅の中でも窓もなく、通風的な部分にめぐまれない、文字通り日の当たらない部分であった。そこに、従来の寝莚《ねむしろ》や天徳寺にかわって、吸湿性の高い綿蒲団が持ちこまれ、以前の習慣のままにそれを昼も夜も敷きっぱなしにしたのである。だから万年床そのものはここにはじまったわけではなかったが、吸湿性の高い蒲団の使用が、かえって日本人の就寝生活の条件を悪くしたともいえる。

この万年床の慣習は明治後半から大正にわたってようやく改善の方向にむかうのであるが、それは衛生思想にリードされたものではなく、押入れ（押こみともいった）という部屋の多角的使用を目的としたアイデアに導かれた現象であった。

近世の町家や農家などの平面図をみてもすぐ気付くことだが、押入れという、部屋に付属した収納部のある例は見当たらない。だから時代物のテレビドラマなどで、押入れに人がかくれたりする場面があるのは間違いで、もしかくれるならば納戸《なんど》部屋にでもはいった方がいいわけだ。というわけで、押入れが出現するのは近代のことだが、それもはじめは作りつけでなく、フトンダンスのような家具がいつしか固定化したと思われる。ともかく、このフトンダンスや押入れの普及によって、綿蒲団の収納場所が固定化し、夜がくると「タタミの上にフトンを敷いて寝る」という日本人の就寝風俗が、ようやくにして成立したわけである。

生活改善運動の挫折

日本住宅における生活空間を改善しようとする積極的なこころみは、第一次世界大戦後にはじめてあらわれてきた。それは大戦後の合理主義・能率主義の潮流に乗って叫ばれた大正七、八年にはじまる「生活改善運動」で、中世いらいの古い因習につながれていた日本の居住形式を打破して、もっと近代的・合理的なものに改善しようという主張をもった運動であった。

その生活改善運動に、住宅形式の改善が中心課題とされたのは当然だが、「住宅改善要綱」の第一項に

接客本位を改めて家族本位のものとすること

とあったことは、明治時代から大正初期にいたるまで、ずっと温存されてきた住宅における封建的な空間構造が、ようやく反省されるようになったことを物語っている。

この運動は、大戦後における平和産業の復興の波に乗って進展した上に、大正一二年の関東大震災による住宅再建の好機をえたことも幸いして、いやが上にも、大規模な国家的運動の観を呈することとなった。だが、その結果はどうであったかというと、いわゆる「文化住宅」――赤い屋根、モルタルの壁、カーテンつきのガラス窓、椅子・テーブル式で畳のない屋内、とりつけ式のベッド――という、西洋まがいのオモチャのような小住宅とか、「アパート」という、それをもう一段と圧縮した薄っぺらな共同住宅が、まるで雨後

の筍のように群立する景観を現出したのである。

それはたしかに無駄のない、能率的な、そして何となく文化的な匂いもある建物ではあった。そして、台所とか寝室には、かつての住宅とは比較にならない比重がかけられ、そうした意味ではたしかに健康的、合理的な住宅というべきものでもあった。しかし、同時にそれは、日本人の生活様式に占める歴史的な伝統の重みとか、日本の自然や土地の風光によって磨かれた生活感覚とかを一切無視した、いわば精神的な砂上の楼閣でもあった。したがってその結果は、震災直後の一時的な復興ブームがおさまると、「文化住宅」の名は、まるで安物建築の代名詞のような蔑《さげすみ》の言葉にかわってしまい、汚名とともにはきすてられてしまったのであった。

こうして、畳の座敷にフトンを敷いて寝るという生活様式が、ふたたび日本人の生活の主流として返り咲いたのであった。――わたしは大正の生活改善運動そのものが間違っていたとは考えていない。しかし、その主張にあまりにも忠実であった住宅改善の敗北という事実は、歴史的環境や自然的風土の中に深く根を下した人間の生活というものの実体を、かえって雄弁に物語っているのではないかと思うのである。

寝具革命の実態

第二次世界大戦の後で、日本の寝具史は再び大きな変革期に直面することとなった。そして、その現象はまず素材の面から動きはじめたのである。掛ぶとんの面についてみると、最初は化繊ワタ、ついで合繊ワタを従来の木綿ワタに代えて使用するこころみが突破口であった。これらのワタは、木綿ワタにくらべてやや割高ではあったが、何よりも軽くて、ちょうど高級な羽根ぶとんのような感触をあたえる強味があった。初期には吸湿性や保温力という点では多少の難点があったのだが、弾力性（弾性復元力）が常に一定しているため、木綿ワタの場合のように定期的に打ち直しをするという必要がほとんどないという利点があった。

一方、これらのワタを包む「側《がわ》」（外被）についてもまた、化学繊維や合成繊維が使用されたが、それらは絹のような肌ざわりと、木綿よりも高い強靱性を特色としていた。と同時に、それは織布の当初から、ふとんの寸法に合わせて生産することもでき、加工の工程においても、キルティングによって側《がわ》と中味とを定着させるという、綿《めん》ぶとんとは全く違った方法がとられたのである。この新製品は、従来の蒲団と区別されるため、洋ふとん、洋式掛ふとん（洋掛）の名で呼ばれてきたのであるが、この名称が与えられた理由は、その素材面の変革と共に、そのデザインの著しい変様のためでもあったと見てよいであろう。つまり、古来の蒲団は、もともと着物（呉服物）のために生産された「反物」を応用してつくったものが多く、そのため、その布の幅もデザインも、和服の形姿を前提として決定されてきたものである。ところが洋ふとんの側は、最初からふとんの素材として織られ、もっぱらその用途を目指してデザインされたものである。その結果に著しい相違が現われるのは、むしろ当然のことといってよい。

この洋ふとんが誕生したのは昭和三〇年前後のことであったが、現在では市場における既製品の大半を占有し、その面でみる限り現在はあたかも洋ふとんの時代といった観を抱かせる。しかし、これはあくまでも都市社会における二次製品の店頭風景にすぎないのであって、全国的にみた家庭での保有率という点では、まだまだ従来の綿寝具が根強い力を発揮している。

昭和三七年度に東京都と青梅商工会議所が関東の五県十都市の消費者を対象として実施した市場調査の報告によると、木綿小幅夜具四二パーセント、銘仙夜具二四パーセントに対し、洋掛ふとん七パーセントという保有率が現われている。これは掛ぶとん、敷ぶとんを含めた総合の比率であるから、掛ぶとんだけを対象とした場合には、恐らくこの倍に近い指数が現われることになるのであろうが、それにしてもその保有率は七人に一枚の割合にすぎないことになる。その後の十年間を考えてみると、この比率は洋ぶとんに有利な方向に進んでいることは疑いないが、大勢をくつがえすには多少の時間が必要であろう。したがって一部のジャーナリズムに唱われているような「寝具革命」があるとしても、それはまだ将来のことに属するのではあるまいか。

だが、現在われわれの当面しつつある問題に、綿寝具業者が古綿の打ち直しを廃業しつつある現象がある。かつては綿屋なる業者があって、それが寝具の加工や販売を兼業するものであったから、古綿の打ち直しは、じつに綿寝具業者の本業であったはずである。その業者が本業を廃止して、副業であった寝具の二次製品の販売店、つまり寝具商店に転向しつつあるわけだ。もしこの現象がさらに拡大してくるならば、われわれの家庭にある寝具の木綿ワタは、いつかは廃棄せざるを得ないことになるだろう（木綿ワタの打ち直しは二年に一度が理想とされている）。してみるとこの現象は単に業界の一角における異変というのみではなく、風俗史上看過しえない問題点となる可能性を多分にはらんでいる。

以上はもっぱら掛ぶとんの面について述べたのであるが、敷ぶとんの方面にもほぼ同様の現象があらわれている。

従来の敷ぶとんに代わるものとして、合成ゴムのマットレスとかフォーム・ラバーと銘うった製品があらわれたのは昭和二五、六年頃であった。したがって、この方がさきの洋ぶとんよりは現代人に、すでになじみ深い製品となっており、前にあげた市場調査の結果でも、保有率一二パーセントとあって、下敷夜具のみを対象とすれば、すでに四人に一人がこの種の製品を使用していることになる。この新製品は何よりもまず弾性復元力に秀れており、したがって打ち直しはもとより、日に干す必要もないという利点が買われたものであるが、使用の結果はかえって寝疲れするという反省があり、学界からもいわゆるフワフワ・ムードに対する警告があって、目下のところ一つの転機に立ちいたっているようにもみうけられる。

今ひとつ、畳そのものにも「化学畳」という新製品の出現がある。これは昭和四〇年ごろから一般市場に出回ってきたもので、畳表と縁《へり》とは従来と同じだが、床《とこ》が違っている。従来の畳床は藁を素材としていたが、化学畳は合成繊維板と発泡体《はっぽうたい》のスチロール樹脂を配合したもので、軽く（従来の畳の四分の一程度）、耐火性があり、湿気やほこりを吸わないといった利点があるという。

畳は近世にはいってから寝具としての役割をフトンにゆずったわけだが、畳が日本住宅でどの程度の利用度を保っていくかは、将来の住宅構造あるいは生活様式に重大なかかわりがあり、ひいては未来の寝具史にもかかわりがある以上、畳の行方も決して軽視すべきでないと考える。

結びにかえて—未来への展望と課題—

原始、古代の寝具よりはじめて、現代の寝具までの大まかな流れと問題点とを鳥瞰してきたが、最後にやや前進的に未来に向けての問題点を指摘して結びにかえることにしよう。

日本寝具史をふりかえってみると、その発展の主な契機となるものに、新しい素材の供給という生産面と、新しい生活様式の展開という消費面との、双方の要因が働いていたことが注目される。前者を外部的要因とすれば、後者は内部的要因といえるであろうが、この内外両者の要因が同時に働くときには、恐らくもっとも大きな発展が当来するとみていいのではあるまいか。では現状はどうかというと、まず、外部的な要因がすでに成立しつつあることは先きにのべたとうりである。また、内部的要因についてみると、戦後の民主主義の潮流が、ようやく地についてきて、家族構成に変化が生じ、身近な居住形式の改善にも、もはや抵抗の感ぜられないような安定期にはいっている。戦後二十数年、もはや戦後ではないにもかかわらず、住宅の不足はいまだに戦後の域を脱してはいないが、年と共に改善の道をたどっていることは事実であり、単なる復興建築の域を脱して、ようやく、言葉の正しい意味での文化的な家庭生活の場としての住宅の条件が求められるような段階にたちいたったことも確かである。ここにおいて、家庭における家族構成の民主化は、当然のことながら家父長制的な住宅構成とは違った形式を要求することになる。その理想的な構造は、家族がそれぞれに個室をもつことのほか、基本的には第一次大戦後の生活改善運動の主旨（住居部中心主義）と変わらない。しかし、第一次大戦後、資本主義の後進国として低賃金と過重労働とによって、そのギャップを埋めることに腐心していた当時の日本にくらべると、現在では労働時間の短縮をはかって余暇を生みだすことに重点が置かれるような水準に達している。そして家庭は、勤労者にとっても単なる休養のための寝場所ではなくて、同時に、文化的な生活を楽しむ家族ぐるみの生活の場となりつつあると見てよいだろう。寝室や寝具に対する考えかたにも、単なる合理主義以上のものがあるように見受けるのも、こうした意味であながち根拠のない現象とはいえないと思う。

さて、では理想的な寝具とはどのようなものであろうか。第一にそれは睡眠のために最も適当な物理的条件を備えたものでなければならない。その条件については、千葉大学の小原教授や奈良女子大学の木梨教授の研究があって、人間工学や生理学の角度からすでに完全に近いデーターが発表されている。その結果は一部の寝具メーカーの手によって製品化され、いろいろの点でこれまでの寝具に対する既成概念を打破したところみがなされてもいるのだが、特に、ベッドやマットレスについては、ただ柔らかければよいというような弾性への盲信を打開したこと、掛ぶとんについては、かさが厚ければ温かいと考える慣習的な感覚への反省から出発して、そうした点に根本的な改良を加えた新製品が発表されている。こうした動きは、新しい素材による寝具への進出（特に最近の石油化学製品―ポリプロピレンなど―）とともに、今後の寝具を大きく変革させる原動力になるのではあるまいかと思われる。ただしかし、こうした寝具の合理化が、単なる機能主義への道をたどるならば、かつての生活改善運動と同じような失敗を招く可能性もあるであろう。そうした意味では、寝具史の発展における内的要因の働きとともに、改めて、それを使用する人間そのもの、特に日本の風土と歴史を背負った日本人の生活様式ないしは生活感覚への反省が必要であろう。日本の寝具史とは、ひっきよう日本人の生活史の一端にほかならないからである。

和式住宅か洋式住宅か、いいかえれば、日本人ははたして、外では靴をはき、家の中では靴を脱ぐという中古以来の長い慣習をすてるかどうか、といった問題も未来史の大きな課題である。そこまでいかずとも、畳の生活はどうなるかといった身近な問題もある。これらはともに未来の寝室、寝具を左右するような大問題ではあるが、今は主観的な推定以外の解答は用意できない。多角的に取組むべき課題といえるであろう。

あとがき

風俗史学会の、先輩がたからの強いおすすめがあって、この本の執筆を引受けてから二、四年もの年月を経過してしまった。大学紛争の渦中にあったために一時仕事を中断せざるを得なかったためでもあるが、学会や出版元に御迷惑をお掛けしたことを申訳なく思っている。

まえがきにも記しておいたように、この書物の基礎となった研究は私個人のものでなく、特に第三章の前半は同僚の笠井昌昭氏の助力に負うところが多かった。執筆の責任は私個人にかかるものだが、研究そのものが評価されるとすれば、先に記した風俗文化史研究会の全員が該当することになる。助力・協力を惜しまれなかった多くの先輩や仲間たちのためにこのことは特に明記しておきたい。

日本の寝所や寝具の研究はまだまだ未完成で、今後に開拓の余地は大いにあるわけだが、寝具類の実物を収集し保管する博物館や資料館を作って、失われつつある実物資料の保存はできないものであろうか。実物の収集には先立つものが必要だが、せめてその写真だけでも入手できればと念願している。読者諸賢のなかで古い寝具類をお持ちの方や本書にもれた遺物や遺習史料を御存じの方があれば是非御協力いただきたい。

雄山閣の芳賀章内氏にはひとかたならぬ御世話になった。最後になったが研究の機会をあたえていただいた杉岡政房氏と有効な御教示をたまわった猪熊兼繁・江馬務・下店静市氏等の諸先生方にも一言御礼を申上げたい。

昭和四十八年一月二十六日

【著者紹介】
小川光暘（おがわ　こうよう）
1926 年　奈良に生まれる。
同志社大学文学部（文化史学専攻）卒。
同志社大学文学部および同大学院の教授として日本の美術史、
寝具史を研究した。
1995 年逝去。

■主要著書
『奈良美術史入門　鑑賞の手引き』（共著）、飛鳥園、1960 年
『世界古寺巡礼　アテネとアンコールの間』読売新聞社、1969 年
『昔からあった日本のベッド　日本の寝具史』Edition Wacoal、1990 年
『黒潮に乗ってきた古代文化　石造遺物の謎を追って』日本放送出版協会、1990 年
ほか多数

平成 28 年 8 月 25 日 初版発行　《検印省略》

雄山閣《ゆうざんかく》アーカイブス 歴史篇《れきしへん》
寝所《しんじょ》と寝具《しんぐ》

著　者　小川光暘
発行者　宮田哲男
発行所　株式会社 雄山閣
〒102-0071　東京都千代田区富士見２−６−９
電話 03-3262-3231㈹　FAX 03-3262-6938
http://www.yuzankaku.co.jp
E-mail　info@yuzankaku.co.jp
振替：00130-5-1685
印刷製本　株式会社ティーケー出版印刷

Printed in Japan 2016　ISBN978-4-639-02433-0　C0321
N.D.C.200　192p　19cm

雄山閣アーカイブス
シリーズ刊行のご案内

入浴銭湯の歴史

二〇一六年秋刊行予定

水浴び、温泉、湯屋・銭湯……

日本人と入浴は、切っても切り離せない
ものである。
そんな日常生活に組み込まれた行為の、
入浴の場の、成り立ちと変遷を丁寧に跡づける。

雄山閣アーカイブス

シリーズ刊行のご案内

敵討の歴史

二〇一六年秋刊行予定

復讐のため、名誉のため……

様々な理由で、敵討は行われてきた。
文献史料を丹念に読み込み、
記紀神話の時代から明治までという、
長い時間の中の敵討を浮かび上がらせる。